U0940040

主　编　徐耀新　　副主编　刘谨胜

精彩江苏 | Wonderful Jiangsu |

历史文化名城名镇名村系列

南京

江苏人民出版社

图书在版编目（CIP）数据

历史文化名城名镇名村系列. 南京 / 徐耀新主编
. -- 南京 : 江苏人民出版社, 2017.7
（“精彩江苏”丛书）
ISBN 978-7-214-21054-8

Ⅰ. ①历… Ⅱ. ①徐… Ⅲ. ①乡镇 – 介绍 – 南京
Ⅳ. ①K925.3

中国版本图书馆CIP数据核字(2017)第138730号

书名	历史文化名城名镇名村系列・南京
主编	徐耀新
策划编辑	戴宁宁
责任编辑	金书羽　莫莹萍
装帧设计	刘葶葶
出版发行	江苏人民出版社
出版社地址	南京市湖南路1号A楼，邮编：210009
出版社网址	http://www.jspph.com
照排	江苏凤凰制版有限公司
印刷	江苏凤凰新华印务有限公司
开本	889毫米×1 194毫米　1/32
印张	5.125　插页　2
字数	83千字
版次	2017年11月第1版　2017年11月第1次印刷
标准书号	ISBN 978-7-214-21054-8
定价	45.00元

本书撰稿：谭志云　付启元　李惠芬

“精彩江苏”丛书总序

江苏省省长　吴政隆

中华文化源远流长，在5000多年文明发展中孕育的优秀传统文化，在党和人民伟大斗争中孕育的革命文化和社会主义先进文化，积淀着中华民族最深层的精神追求，代表着中华民族独特的精神标识。

江苏是中华文明的重要发祥地之一，在这片美丽富饶的土地上，黄河文明和长江文明交汇融合，自然景观与人文景观交相辉映，孕育了具有鲜明特色的地域文化。无论是诸多自然景观还是各类古迹遗存，都散发着浓郁的文化气息，承载着厚重的文化记忆。纵观楚汉文化、吴文化、金陵文化、淮扬文化以及京口文化、江海文化、海盐文化，无一不因精彩而得以世代传承，无一不是我们讲好江苏故事的生动素材。

江苏多出文化精品。在悠久的历史文化长河中，创造了南京云锦、宜兴紫砂、扬州漆器、苏州刺绣、惠山泥人、江南丝竹等享誉海内外的艺术精品和精湛技艺。源于江苏的中国最古老剧种——昆曲，已有600多年历史，集诗、乐、歌、舞、戏之美于一身，被誉为“百戏之祖”。目前，我省共有10个项目入选联合国教科文组织人类非物质文化遗产代表作名录，146个项目入选国家级非物质文化遗产名录，这些都是人类文化的共同财富。

江苏多产文化名家。历史上名人辈出、名篇纷呈，孙武的《孙子兵法》、枚乘的《七发》、刘义庆的《世说新语》、刘勰的《文心雕龙》、施耐庵的《水浒传》、吴承恩的《西游记》、冯梦龙的“三言”、曹雪芹的《红楼梦》、刘鹗的《老残游记》等众多鸿篇巨著均在中华文化典藏中熠熠生辉，吴门画派、金陵画派、扬州画派及上世纪60年代形成的新金陵画派各呈风神，顾恺之、张旭、沈周、龚贤、郑板桥等古代书画家，以及徐悲鸿、刘海粟、陈之佛、李可染、傅抱石、林散之等现当代书画家均享誉世界。

江苏多有文化遗存。拥有世界文化遗产3处、全国重点文物保护单位226处、各级各类博物馆292家，不可移动文物超过2万处，国有可移动文物近百万件（套）。拥有国家历史文化名城13座，大运河江苏段是沿线文化遗产最密集、类型最丰富的河段。江苏还有着丰富的红色文化资源，很多革命先辈在这里留下战斗的足迹，形成了雨花英烈精神、铁军精神等具有江苏特色的红色文化品牌。

党的十九大报告指出，文化兴国运兴，文化强民族强。没有高度的文化自信，没有文化的繁荣兴盛，就没有中华民族伟大复兴。江苏优秀传统文化是我们世代传承的文化根脉、文化基因，不仅铸就了历史的辉煌，而且在今天仍然闪耀着时代的光芒，是我们坚定文化自信的深厚基础。我们要以习近平新时代中国特色社会主义思想为指引，深入挖掘优秀传统文化蕴含的思想观念、人文精神、道德规范，进一步坚定文化自信，推动社会主义文化繁荣兴盛。

省文化厅组织编写“精彩江苏”丛书，内容涵盖历史文化名城名镇名村、地方戏曲、书画艺术、红色文化等多个方面，是江苏优秀传统文化的集中展示，也是延展千年文脉、推动文化建设、凝聚精神力量的创新实践。希望“精彩江苏”丛书高水平讲好江苏故事，让小小“口袋书”发挥大作用，让一代一代江苏人更好地品味缕缕书香、延续文化记忆，让江苏的历史遗存和传统文化在新时代绽放新的精彩，为书写新时代中国特色社会主义伟大事业江苏新篇章提供强大精神动力和文化支撑。

留住“乡愁”

——“历史文化名城名镇名村系列”序

徐耀新

“举头望明月，低头思故乡”；“露从今夜白，月是故乡明”。李、杜的这两句千古名诗，表达了中国人的乡愁情结。乡愁是对故乡永远的思念和情愫，是割不断的文化记忆。习近平总书记在2013年中央城镇化工作会议上指出，要让人“望得见山、看得见水、记得住乡愁”，这一重要论述指明了在城镇化历史巨变中要努力留住“乡愁”的方向。历史文化名城名镇名村承载着厚重的历史记忆，传承着丰富的文化传统，彰显着浓郁的地域文化，是“乡愁”的重要载体。

作为华夏长江文化的发祥地之一，江苏孕育并保存了一批特色鲜明、底蕴深厚的历史文化名城名镇名村，它们的历史和特征可概括为如下几点：

数量领先。江苏现有50个国家级历史文化名城名镇名村，总量位居全国各省（区、市）前列。2016年，高邮市被国务院列为国家历史文化名城，成为我省第13个、全国第130个国家历史文化名城，江苏数量位居全国第一。目前，全省拥有中国历史文化名镇27个，中国历史文化名村10个，有省级历史文化名城4个、名镇13个、名村8个。

文化多元。从地域上来看，江苏历史文化总体上南秀北雄、吴楚分明，使江苏历史文化名城名镇名村呈现出文化的多样性。例如：国家历史文化名城苏州是吴文化的中心城市，其文化特质是上善若水、柔中蓄劲、人巧天工，赋予了中华儿女“杏花春雨江南”的家园情怀；国家历史文化名城徐州是楚汉文化的中心城市，其文化特质则迥异于苏州，表现为刚强雄浑、尚武崇文、勇于竞争。

风貌各异。江苏境内山水平原交错，河流湖泊纵横，临水建城，倚山建乡，数千年的文化积淀形成了独特的古城古镇古村风貌。“君到姑苏见，人家尽枕河。古宫闲地少，水港小桥多。”苏州至今仍保留着“水陆并行、河街相邻”的格局风貌。“尽道隋亡为此河，至今千里赖通波”，京杭大运河流经我省8座国家历史文化名城、19座中国历史文化名镇、7座中国历史文化名村，沿线人口稠密、城镇密集、经济繁荣、文化昌盛，有着独特的自然人文景观。苏州的古典园林、镇江的宋元古街、扬州的明清老巷、泰州的明清民居等令人驻足，留连忘返。

类型多样。江苏的历史文化名城大致可分为五种类型：古都型（南京）、传统风貌型（苏州）、风景名胜型（无锡、扬州、镇江、常熟）、一般史迹型（徐州、常州）、近代史迹型（南通）、特殊职能型（淮安、泰州、宜兴、高邮）；名镇名村也可分为五种类型：乡土民俗型（周庄、淳溪等）、传统文化型（溱潼、凤凰等）、革命历史型（黄桥、沙家浜等）、商贸交通型（孟河、礼社等）、名人故里型（陆巷等）。

保护好江苏历史文化名城名镇名村的特色，延续好江苏历史文化名城名镇名村的传统格局和历史风貌，就能为我们的家园情怀留下栖息之所。只有留住“乡愁”，才能“记得住乡愁”。江苏省第十三次党代会把推进新型城镇化和城乡发展一体化作为经济转型升级的重要内容，明确要求大力保护历史文化名城名镇名村。保护和利用好江苏历史文化名城名镇名村，最重要的是传承历史文化、保持自身特色，防止千城一面、千篇一律，杜绝盲目破坏性开发建设。要加强历史文化名城名镇名村传统文化的挖掘和整理，提炼传统文化符号；尊重历史文化名城名镇名村中人与环境、人与自然和谐相处的生产生活方式；充分发掘传统艺术、传统民俗、人文典故、地域风情等非物质文化资源，彰显城乡传统建筑、城镇历史街区和乡村农耕水利、生态环境的独特魅力。

编撰“精彩江苏”丛书之“历史文化名城名镇名村系列”，是提炼江苏历史文化符号的切实举措，是创新开展江苏历史文化资源研究的具体实践，对于充分展示江苏地方特色文化、打造“精彩江苏”文化品牌具有重要意义。本系列共50本，涵盖我省50座国家级历史文化名城名镇名村，兼具文学性与史学性，展现了江苏历史演变中岁月累积的文化智慧与古物风貌，彰显了江苏人民的文化自信与自觉。丛书采用“口袋本”的形式，深入浅出，图文并茂，装帧精美，便携易读。

期待通过丛书的传播与利用，进一步宣传好、保护好、开发好江苏历史文化名城名镇名村，激发江苏人民群众爱国爱乡情怀，让江苏优秀传统文化永续传承、焕发新春！

2017年秋于南京

（本序作者系江苏省文化厅党组书记、厅长，博士、教授）

目 录

引言

南京简称“宁”，别名“金陵”，现为江苏省省会，副省级城市，是国务院确定的首批中国历史文化名城和全国重点风景旅游城市。南京是一座山水城林交相辉映、古都特色与现代文明融为一体的滨江城市。南京位于三面环山、一面临江的河谷盆地之中，在南北分裂时期成为割据政权的建都场所，故有“江南佳丽地，金陵帝王州”之称。

南京历史源远流长，文化底蕴厚重，各类遗存众多，历史名人辈出，是中华文明的重要发祥地之一。南京长期是中国南方的政治、经济、文化中心，素有“十朝都会”之美誉。地理位置优越、风景佳丽的南京，赢得历代政治家、军事家和文化名人的赞誉。相传诸葛亮曾赞叹说：“钟山龙盘，石头虎踞，此乃帝王之宅也”。孙中山在《建国方略》中赞美南京：“其位置乃在一美善之地区。其地有高山，有深水，有平原，此三种天工，钟毓一处，在世界中之大都市诚难觅如此佳境也……南京将来之发达，未可限量也。”

第一章

金陵自古帝王州

“金陵自古帝王州”。在2500年的建城史中，从中古到近现代，先后有东吴、东晋与南朝的宋、齐、梁、陈（史称“六朝”），后又有南唐、明朝、太平天国、中华民国先后建都于南京，故南京有“十朝都会”之称。

第一节　建城初始

南京城邑的雏形大体形成于春秋战国时期，历史文献中有“冶城”“越城”“金陵邑”“秣陵”等记载。春秋战国时期，南京行政建制为“邑”，相当于县级建制，时称“棠邑”“濑渚邑”“金陵邑”，先后隶属楚国、吴国、楚江东郡。此时出现了“冶城”“越城”“金陵邑城”（亦称“石头城”）等城池。

冶城　传说中南京最早建立的城市。相传吴王

图1　冶城

夫差在今朝天宫所在的冶山地区设冶炼作坊以铸造兵器，其山被称为“冶山”，又叫“冶城”（图1）。

越城　南京地区有确切年代可考的最早古城，因此也被认为是“南京第一城”。公元前472年，越王勾践命令范蠡在古长干里（遗址位于今中华门外雨花西路一侧高地）筑城，史称“越城”，又名“范蠡城”。越城属军事性城堡，规模很小，城周仅有“二里八十步”，相当于现在的942米，占地面积仅6万多平方米。今人将越城视为南京城市发展的原点。

金陵邑　南京行政建置的源头。公元前333年，楚国于今清凉山西麓石头山上设立金陵邑，统辖江东。金陵邑是南京历史上可考的第二座古城，它标志着南京设置行政区划的开始，从此南京又称“金陵”。

第二节　六代豪华

东吴、东晋和南朝的宋、齐、梁、陈，合称“六朝”。南京“六朝古都”的称谓也由此而来。从东吴孙权称帝[①]到陈后主被俘，历时333年。东吴拉开了南京都城（史称建业）建设的序幕，东晋、南朝在吴建业城的基础上进一步扩建，形成了南京城市建设史上的第一次高潮，史称“六代豪华”。

一、宏开建业——东吴

三国时期的吴国，史称孙吴或东吴，是第一个定都南京的封建王朝。东汉建安十六年（221），孙权自京口（今镇江）迁治于秣陵，次年，改名建业（今南京）。在石头山建城，时称“石头城”。石头城是由楚金陵邑旧址扩建而成，据史料记载，城市建设模仿了春秋时期吴国都城吴（今苏州）。石头城位于石头山与马鞍山之间。古时这里地势开阔，是淮水入江之处，形势险要，势若虎踞江岸。《建康实录》云：“刘备曾使诸葛亮至京（今镇江），因观秣陵山阜，曰：‘钟山龙盘，石头虎踞，此乃帝王之宅也’”。黄龙元年

① 有专家认为六朝史起始应从孙策执政算起，因孙权继其兄孙策之业而兴。

（229），孙权于武昌（今湖北）称帝，以吴为国号，同年九月，迁都建业，是为吴大帝，“一代宏图开建业”。自此，三国鼎立形成。

东吴历四帝王，凡五十九年。252年，孙权驾崩。其子孙亮即位，改元建兴。257年，孙休为帝，在位六年。元兴元年（264），孙皓即位。咸宁五年（280），晋武帝下令分六路大军伐吴，孙皓投降，吴亡。

二、衣冠南渡——东晋

永嘉年间，为逃避北方战火，中原士族携百姓纷纷南渡长江，史称“衣冠南渡”，又称“永嘉南渡”。“衣冠南渡”是中国历史上第一次南北文化大融合，北方大族及大量汉族人口迁徙江南，促进了社会经济文化的发展，奠定了南京地域文化的基础。

建武元年（317），琅琊王司马睿在建康（今南京）重建晋王朝，自立为晋王，次年称帝，是为晋元帝，同年改元太兴，史称东晋。东晋是门阀政治发展的鼎盛时期，皇权衰落。司马睿称帝有赖于南方官僚士族的拥戴，东晋政权建立之初，先后平息了王敦和苏峻之乱，统治趋于稳定。门阀大族王、谢、庾、桓先后支配着王朝政局。420年，东晋被刘裕建立的宋取代。东晋历十一帝，凡一百又四年。疆域北以今淮河流域为界，西至云南，南至越南中部。

三、元嘉之治——刘宋

东晋元熙二年（420），刘裕代晋称帝，国号宋，是为宋武帝，定都建康。因皇室姓刘，史称刘宋，历八帝，凡六十年。刘宋强盛时北抵今秦岭及黄河以北，西至四川大雪山，南至云南南部和越南中部，是南朝疆域最大的王朝。顺帝刘凖昇明三年（479），为齐萧道成所取代。

422年，刘裕病死，其长子刘义符继位，称为少帝，随即被辅臣傅亮、徐羡之废黜。424年，傅亮、徐羡之迎立刘裕的第三子宜都王刘义隆为帝，史称宋文帝，年号元嘉，在位三十年。在位期间，政权日益稳固，经济也稳步发展，社会较为安定，是刘宋最为兴盛安定的时期，史称“元嘉之治”。昇明三年（479），中领军萧道成取而代之，建立南齐。刘宋时期是中国文学史的重要转折点，出现了很多重要的诗人、作家，在诗歌、散文、小说等多个方面都取得了突出的成就。

四、永明之治——南齐

宋昇明三年（479），萧道成代宋称帝，国号齐，是为齐高帝，定都建康。为了与北朝之齐区别，史称南齐，又称萧齐。南齐疆域与刘宋后期一致。502年，南齐为萧衍建立的梁所取代，历七帝，凡二十四年。南齐是南朝四个朝代中存在时间最短的。

萧赜统治的永明时代政局比较安定，被史家称为“永明之治”。南齐统治时期虽然时间短暂，但在文学方面有突出成就：永明体诗歌奠定了中国古代律诗（近体诗）的基础，成书于南齐时期的《文心雕龙》是我国文学批评史上的一部体大思精的巨著。

五、举国兴佛——萧梁

齐中兴二年（502），萧衍代齐称帝，国号梁，是为梁武帝，定都建康。因皇室姓萧，史称萧梁。梁敬帝萧方智太平二年（557），梁为陈所代，历七帝，凡五十六年。

梁武帝（464—549）在南朝诸帝中在位时间最久，达48年，为建康城市发展的鼎盛期。梁武帝大倡佛教，举国兴佛。梁朝继承并发扬了前朝的文化之风，上承两汉魏晋宋齐，下启隋唐，成为繁荣昌盛的隋唐王朝各项重要制度的来源之一。梁朝的皇帝，大多具有良好的文化修养，重视文化尤其是佛教，客观上促进了这一时期文化的发展。萧统的《昭明文选》是我国现存最早的文章总集；钟嵘的《诗品》是我国最早的专门品评诗歌的一部作品；唯物主义哲学家范缜的《神灭论》在我国古代哲学思想发展史上具有划时代的意义。

六、玉台新咏——陈

梁太平二年（557），陈霸先代梁称帝，国号陈，是为陈武帝，定都建康。疆域东、南至海，北临长江，西抵湖南、广西，是南朝版图最小的王朝。祯明三年（589），陈为隋所灭，魏晋南北朝长达369年的分裂割据局面始告结束。陈朝历五帝，凡三十三年。

陈朝虽然比较短暂，但它是中国文学史上一个十分重要的时代。陈朝各种体裁的诗文都已经出现，诗词歌赋百花盛开。尤其是陈朝的诗赋在声律上的发展和词句的对仗，奠定了唐诗繁盛的基础，《玉台新咏》中收录的《孔雀东南飞》为后世广为流传。

“六朝旧事随流水”。六朝建康城在孙吴、东晋、南朝的宋、齐等的不断扩充修建下，成就了南京都城建设史上的第一次辉煌。遗憾的是，梁末“侯景之乱”把一座繁华的建康城糟蹋得残破不堪，后又被隋朝军队荡平耕垦。建康都城、皇宫、官署、军营、庙宇均被彻底摧毁，六朝繁华荡然无存。晚唐诗人韦庄感叹道：“江雨霏霏江草齐，六朝如梦鸟空啼。无情最是台城柳，依旧烟笼十里堤。”

第三节　南唐风采

自六朝建康城被隋军平毁之后，南京城市地位一直受到中央的压制。隋开皇九年（589）置蒋州，隶属尚书省。大业三年（607）改蒋州置为丹阳郡。唐朝初年置江宁郡，后置升州，再后改为金陵府。隋朝至唐朝三百余年时间，是南京城市建设的低潮期。五代十国期间，南京的城市地位有所上升，后成为南唐国都，城市建设一度出现“复兴”局面。

杨吴天祐六年（909），徐知诰（即徐诰）任昇州（即南京）防遏兼楼船副使，开始经营南京。他将南京城池向南迁移，把秦淮河圈进城内，并在城内修建了一系列的官署、楼堞，使南京具备了建都的条件。920年，南京由昇州大都督府改为金陵府。937年，李昪（原名徐知诰）代吴称帝，国号齐，建都金陵（今南京）。昇元三年（939）又改国号为唐，史称南唐。958年，中主李璟割江北十四州，“去帝号，称国主，奉周正朔”，与后周划江为界。宋开宝八年（975），宋将曹彬攻克江宁，后主李煜投降，南唐为宋军所灭。

南唐时期，金陵重新成为长江下游地区的政治和经济中心。作为南唐国都的金陵城，是南京城市发展上的一个重要转折点，改变了六朝时建康都城将政治区与工商业区、居民区分离的状况。南唐建都金陵，打破了六朝建康都城的格局，将秦淮河一带繁华的商业区和人烟稠密的居住区围进城内，形成近代南京城的南部框架。今中华路—洪武路为南唐都城中轴线。南唐都城被宋元所继承，并为明代的南京城奠定了基础。

南唐极盛时据有今江苏、安徽淮南地区和福

建、江西、湖南及湖北东部，有35个州，在五代十国政权中成就卓著。史家言：南唐“中外寝兵，耕织岁滋，文物彬焕，渐有中朝风采”。南唐上承唐末风流，下开北宋风气之先，尤其在文学艺术领域的成就享誉后世，南唐词人以中主李璟、后主李煜以及冯延巳等最为有名；顾闳中、周文矩、曹仲玄、王齐翰、徐熙、董源等书画名家共同组成了一个缤纷瑰丽的南唐画坛。

第四节　大明一统

宋元时期，南京的行政建制又落到“行省”一级。宋灭南唐后，改江宁府为昇州。宋景祐元年（1034），宋建夫子庙（文宣庙）于南京城南秦淮河北岸。元至元二十九年（1292），江南行御史移治建康，以后又改为江南诸道御史台。元天历二年（1329）改建康路为集庆路。宋元基本沿袭南唐旧城，城市整体面貌无大的改观。

1368年，朱元璋称帝，定国号为明，以应天府为南京，作为都城。这是南京命名之始，也是第一次成为全国性统一政权的都城。从明王朝的建立，到明成祖朱棣迁都，历经洪武、建文、永乐三朝，均以南京为都，计53年（1368—1421）。自永乐十九年（1421）朱棣迁都北京后，南京仍作为“留都”，保留了皇宫和中央六部等机构，为时223

年（1421—1644）。朱元璋定都南京以后，强化了中央集权，废除了在中国延续了千年的丞相制度，分相权于六部。在地方上改革了元代的行省制度，将地方权力一分为三，由承宣布政使司、提刑按察使司和都指挥使司分别负责政务、司法和军事。1370年，明代举行了首次全国性的科举考试，八股取士开始成为一项重要的官吏选拔制度，并延续下来。

明代开创了新的城市建设规制，以独特的不规则的城市布局（葫芦形）在中国都城建设史上占有重要地位。1366年，朱元璋在南京开始了长达20年（1366—1386）的筑城工程，这就是至今尚大部留存、闻名世界的明南京城。南京城市建设体现了大一统京城的恢宏气势。明南京城垣建设在南京建都史上规模最大且最具特色，堪称世界第一。今天南京城的基本格局就是在明朝奠定的。为充实南京人口和建设南京、拱卫首都的需要，朱元璋迁徙了数十万的外地人口来京。经过几十年的经营，南京成为全国经济、文化最发达的城市之一。

第五节　天京风雨

清道光三十年十二月十日（1851年1月11日），洪秀全在广西金田起义，建号太平天国，称天王。咸丰三年（1853）二月十一日，攻占南京，以其为都城，改称天京，建立省、郡、县三级地方政权。但随即发生的“天京事变”使其力量受到严重削弱，天京再度被围。同治三年（1864）六月十六日，天京陷落。清政府在南京恢复了原来的统治机构，南京仍为江宁府治，下属上元、江宁二县。管辖江苏、安徽、江西三省的两江总督衙署亦继续设在南京。

太平天国定都天京期间，修建了天朝宫殿（天王府）、九重天府（东王府）和干王府等，颁布了《天朝田亩制度》和《资政新篇》两个纲领，提出学习西方“长技”的主张，制定了效法西方改革中国社会的施政方案以及提高妇女社会地位的有关政策措施，具有一定的进步意义。

清代南京城市沿袭旧城格局，并无大的建设。南京在清朝曾为两江总督衙署、江宁府衙。据记载，当时的知府衙署建筑气势恢宏，康熙、乾隆南巡时均曾驻跸于此。两江总督衙署位于今长江路292号，即今日的总统府。

第六节　民国肇始

中华民国简称“民国”。1911年武昌起义后，独立的各省代表在南京开会，商议建立总统共和制的临时政府，国号为中华民国。1912年1月1日，孙中山在南京宣誓就任临时大总统，以1912年为中华民国元年。同年2月12日，清帝退位，中国两千多年的封建帝制至此结束。4月2日，临时政府迁都北京，民国政权为北洋政府所控制。在北洋军阀执政期间，南京改称江宁县，为江苏省省会。1927年，中华民国复都南京，在南京改组成立新的国民政府。抗战期间，国民政府于1937年西迁重庆。1946年5月5日，国民政府还都南京。1949年4月，南京国民政府覆灭。

孙中山先生建立的中华民国临时政府颁布了一系列有利于民族资本主义发展和维护资产阶级民主政治、文化教育的法令，内容包括：保护工商业，废除苛捐杂税，奖励华侨回国投资，宣布人民享有选举、参政、居住、言论、出版、集会、信教等民主权利，禁止贩卖华工、掠卖人口、蓄奴、蓄辫、缠足、赌博和吸食鸦片等陋习，实行新式学校教育等。

民国是西风东渐和传统社会向现代社会转型的重要时期。南京作为民国政府的政治中心，成为东、西方文化交汇激荡之地，在城市建筑风貌、政治经济、社会习俗、文学艺术、科学技术、文教体育等方面发生了深刻的变化。民国时期，南京城市布局突破了自明清以来的格局，开启了现代城市建设的大门。南京从传统的旧城初步发展成为近代化的大城市，奠定了现代南京城市的基本格局。

第二章
遗珍遍地承文明

近2500多年的城市史，折射着南京这座世界历史文化名城极不寻常的发展历程，蕴含着古老都城文化底蕴的丰饶和深厚。南京文化遗产无论在数量、类型，还是在区域特色方面，在全国都首屈一指。南京市级以上文物保护单位在六大古都中位列第二，在十五个副省级城市中位列第一。现有世界文化遗产1处10点；市级以上文物保护单位516处587点。南京的城市发展轨迹和历史文化遗存反映了南京文化的基本特征，体现了南京城市的历史文化地位。

第一节　先民遗迹

南京是我国古人类的发源地之一，有汤山葫芦洞、薛城遗址、固城遗址等众多古人类遗址，大都分布在城市外围地区，以高淳、浦口、江宁等地为主。

一、汤山葫芦洞

1993年，南京市博物馆与北京大学考古系合作对葫芦洞进行了发掘，发现了距今35万年前的南京人头骨化石和一批古生物化石。因为南京人头骨化石在考古人类学上的重要价值，对南京人化石遗址的考古发掘被评为1994年度十大考古新发现之一。其发现地葫芦洞（图2）也在2006年被列为全国重点文物保护单位。

图2　葫芦洞

二、薛城遗址

1997年发现的南京新石器时代的遗址——薛城遗址（图3）位于南京市高淳区淳溪镇境内。它是南京面积最大、年代最早的史前古文化遗址，距今5500年至6300年，是南京现有文化遗存中年代最久

图3　薛城遗址

远的，具有很高的考古价值。遗址被确定为“南京原始人发源地”。2013年，高淳薛城遗址被列入全国重点文物保护单位。

三、固城遗址

固城是我国历史上建置最早的城邑之一，位于高淳区固城镇。城址平面呈不规则的多边形，分内城和外城两部分，城垣土筑，高一丈五尺。城内外

图4　固城遗址

留下了上自西周、下至唐宋的许多历史文物，以两汉文物最为丰富。其中，春秋战国时期的文物有一柄西周早期的铜直内戈、两件春秋时期的甬钟，以及青铜剑、铜镞等。城内汉代陶片、砖瓦等俯拾皆是。今藏于南京博物院的东汉光和四年（181）的《校官之碑》得于固城湖滨，是目前江苏保存时代最早的一通汉碑。此外还有汉代瓦当、筒瓦、板瓦等，表明固城在汉代已有比较讲究的建筑物。2013年，固城遗址（图4）被列入全国重点文物保护单位。

第二节　都城遗址

由于南京历史上战乱频仍，越城、金陵邑已经难觅踪迹，六朝建康城遗址随城市建设和考古发掘而有所发现；南唐都城、宫城尚存遗迹；明都城大部分尚存，明外郭、皇城和宫城仅存遗迹；民国中山大道大部分风貌尚存。

一、石头城遗迹

石头城遗址（图5）位于清凉山一带。最早楚在此设金陵邑。孙权建都建业，筑石头城。因地理形势险要，为历代兵家必争之地，有“石头虎踞”之称。石头城规模不大，实际是一个军事要塞。据史书记载，石头城以今清凉山为范围，周边七里一百步，主要依清凉山岩壁的自然形势筑成。此城南建有二门，东面一门，西、北两面因邻近大江，又为天然石壁，故而不设城门。唐以后逐渐废弃，文人多借此发思古之幽情。明将石头城作为城墙一部分围入城内。今存遗址南北长约300余米，亦称“鬼脸城”，是南京现存最古老的城垣之一，为江苏省文物保护单位。

图5　石头城遗址

二、明故宫遗址

明故宫遗址（图6）位于中山东路南北两侧。明故宫由皇城与宫城两部分组成，合称“皇宫”。宫城又称“大内”，俗称“紫禁城”，约1公里见方，周长约4公里。皇城周长9公里，呈凸字形。皇城和宫城的主要建筑是中轴线上的前朝三大殿（奉天殿、华盖殿、谨身殿）和后廷二宫（乾清宫、坤宁宫）。北京故宫以明故宫为蓝本建造。

明故宫建于1366年，作为洪武、建文、永乐三朝的皇宫达54年。明初建文年间，奉天殿等宫殿在“靖难之役”中被焚毁。永乐十九年（1421）迁都

图6　明故宫公园

北京后，南京明故宫渐趋冷落。此后数百年间，自然损坏严重。到了明末，连金銮宝殿都荡然无存。清军平定江南后，将明故宫改为八旗兵驻防城，并从太平门至通济门加筑城墙予以隔离，明故宫建筑遭到很大破坏。康熙首次南巡时，明故宫已是“宫阙无一存者”。清咸丰、同治年间，太平天国战争使明故宫又经受了一次较大破坏，除了地下埋藏的石构件基础外，只剩下一片残垣碎瓦的废墟。1929年，为了迎接孙中山先生灵柩安葬中山陵，新建中山东路和逸仙桥，明故宫遗址被中分为南北两部分，仅存午朝门与地下柱础等少量遗迹，现为全国重点文物保护单位。

三、南京城墙

皇城外的圈城，即现存明城墙（图7）。南京城城墙总长度为35.267公里，现存21.351公里，为世界现存最长、规模最大的砖石城墙。城垣建筑打破了我国古代都城历来取方形的古制。南京明城墙建设依山随岗，整体呈蜿蜒曲折、非方非圆、多角不等边的葫芦形状。这不是规划者标新立异的创制，而是一切从务实利战出发的具体表现。

南京城墙的修建自元至正廿六年（1366）朱元璋改筑应天府城开始，到明洪武十九年（1386）建成。砌筑城墙的砖块是由江苏、安徽、江西、湖北、湖南等省的二十八府、一百一十八县、工部及三卫、三镇制造。为确保城砖质量，每块砖都刻有铭文，侧面打印所属州、府、县造砖人和监制官员的姓名及年月日。凡砖交缝处，皆浇灌夹浆（石灰、糯米汁或高梁汁，或再加桐油掺和而成）。全

图7 南京明城墙

城共13个城门，现存明代城门还有聚宝门（中华门）、石城门（汉西门）、神策门（和平门）和清凉门，其中除神策门还保留有清朝时修建的城楼之外，其他城门的城楼都已无存。在城墙的外围，还建有外郭城，目的是进一步加强京师的防卫。南京城墙现为全国重点文物保护单位。

四、南唐二陵

南唐二陵（图8）位于牛首山南祖堂山下。李昪陵为南唐烈祖李昪与皇后宋氏的合葬墓，称“钦陵”，周围约170米，高出地面约12米，当地人称作“太子墩”。李璟陵在李昪陵的西面，稍偏北，为南唐中主李璟与皇后钟氏的合葬墓，称“顺陵”。

1950年至1951年，南京博物院和南京市文物保管委员会会同江宁县有关单位发掘南唐二陵，出土有陶俑、陶兽、陶禽以及铜铁、漆、木器和玉哀册

图8　南唐二陵

等文物640余件。“二陵”为解放后在江南地区最早发掘的帝王陵墓。“二陵”的发现，对于研究唐宋之际的建筑、绘画、雕刻、陶瓷、服饰以及帝王陵寝制度等都有其独特的价值。南唐二陵现为全国重点文物保护单位。

五、明孝陵

明孝陵（图9）是我国古代占地面积最大的帝陵之一。据康熙《江宁府志》载，围绕明孝陵的红墙

图9　明孝陵遗址

（外郭垣）长达22.5公里，是明初南京城垣33.4公里的2/3。从1369年开始筹划至1413年明成祖朱棣营建大明孝陵神功圣德碑楼为止，工程前后延续44年。在空间布局上，明孝陵分四个部分：下马坊到大金门导引区，大金门和碑楼区，神道石刻区和陵宫主体建筑区。明孝陵陵址为朱元璋和刘基、徐达、汤和等人郊游钟山时共同选定的。东有龙山为“青龙象”，西有虎山为“白虎象”，南有南湖

（燕雀湖的一部分）作“朱雀象”，北凭紫金三峰作“玄武象”。正对陵址的梅花山可作“近案”，远处江宁的方山正是“远朝”。这些风水地貌符合“华盖三台，尊极帝座”的择陵要求。

明孝陵经过600多年的历史沧桑，许多建筑物的木结构部分已不存在，但自然景观未受损坏，其设计理念、文化思想仍可通过现有建筑遗存得到彰显。“前朝后寝”和前后三进院落的建制是首创。明孝陵开创了明清帝陵的一代新制，在中国帝陵发展史中具有继往开来的价值和地位。2003年7月，明孝陵入选世界文化遗产。

第三节　古刹梵音

南京是深受佛教文化影响的城市，拥有1780多年的佛教文化发展史。它是古代江南地区最早传播佛教文化的圣地，也是近代中国佛教文化的传播、研究中心。南京不仅以弘扬佛教文化而隆盛于中国，而且在东方乃至世界佛教史上亦留下了深深的印记。

一、大报恩寺遗址

大报恩寺，位于南京城南古长干里，即今中华门外的雨花路东侧。该寺原址有建于吴赤乌三年（240）的长干寺及阿育王塔，后多有兴废。永乐十年（1412），明成祖朱棣为报答其父母的

“罔极之恩”，敕工部于原址重建，“依大内图武，造九级五色琉璃塔，曰第一塔，寺曰大报恩寺”。位于大殿后的大报恩寺琉璃塔建造于永乐十年（1412），宣德三年（1428）竣工，九层八面，高达78.2米，甚至数十里外长江上也可望见。1854年，清军攻克雨花台后，太平军为防清军占据大报恩寺对城内造成威胁，遂“用火药轰之，复挖空塔座下基地，数日塔倒，寺遭焚毁”，仅存一青铜色塔刹（1930年代后失踪）和8米高的石碑。

2008年7月17日，南京文物部门在原址考古时发现石函，石函北壁石板为《金陵长干寺真身塔藏舍利石函记》碑铭。石函顶部盖板吊运出地宫后，露出了内部安置的铁函。2008年8月6日，千年铁函正式开启。旷世珍宝“七宝阿育王塔”（图10）崭露真容。长干寺地宫是“目前我国发现的最深的地宫”，出土的铁函也是“中国目前发现的最大的瘗藏舍利的铁函”。铁函中的“七宝

图10　七宝阿育王塔

阿育王塔”是“国内目前发现的最大的实物阿育王塔，其高度和底宽都在雷峰塔出土的阿育王塔的三倍以上，其文物和佛教艺术价值无可估量”。

二、栖霞寺

栖霞寺（图11）始建于南齐永明七年（489），距今已有1500余年的历史，是中国佛教“三论宗”的发祥地。寺院位于南京市东北22公里处的栖霞山上，1983年，被国务院确定为汉族地区佛教全国重点寺院。

图11 栖霞寺

栖霞寺历史上曾几易其名。最初称“栖霞精舍”，唐时改名“功德寺”，五代十国时改为“妙因寺”，宋代又改名为“普云寺”“栖霞寺”“崇报寺”“虎穴寺”。明洪武五年（1372）复称“栖霞寺”。清朝末年，太平军与清兵作战时，栖霞寺毁于战火。1919年重建，1979年修复一新，并作为佛教活动场所对外开放。

寺外右侧是舍利塔，体量虽不大，但造型端庄雄伟，比例适度匀称，加之全塔上下精雕细镂，工艺精湛，是研究古代佛教、艺术、文化的珍贵实物。1988年被列为全国重点文物保护单位。在舍利塔后边的山岩中，还有一组南朝时期开凿的石窟，内凿佛像500余尊，称“千佛崖”（图12），是南京地区唯一的一处六朝佛教石刻遗存。

图12 千佛岩

三、鸡鸣寺

鸡鸣寺（图13），又称“古鸡鸣寺”，位于鸡笼山东麓，是南京最古老的梵刹之一。南朝梁普通八年（527），在鸡笼山创建寺院。寺与台城（梁宫城）隔路相对，名“同泰寺”。“侯景之乱”后同泰寺毁于战火。

图13　鸡鸣寺远眺

明洪武二十年（1387），明太祖朱元璋在完成明孝陵工程后，又命崇山侯李新督工，在同泰寺故址上重建寺院，亲自题额为“鸡鸣寺”。据传皇后马娘娘及各大臣眷属也常来鸡鸣寺敬香，并为此特开启了一条进香河，直至山门，鸡鸣寺由此名声大振，威名四方。

新中国成立后，人民政府对鸡鸣寺进行了保护和维修。1958 年改为尼众道场。“文化大革命”期间，鸡鸣寺遭到严重破坏。1979 年政府为了保护名胜古迹，重建古鸡鸣寺。

四、毗卢寺

毗卢寺（图14）位于南京市汉府街4号，始建于明嘉靖年间（1522—1566），因寺中供奉毗卢遮那佛，故初名“毗卢庵”。清乾隆皇帝首次下江南曾下榻毗卢庵。清光绪十年（1884），曾国荃任两江总督，在原毗卢庵址建毗卢寺。民国时期，毗卢寺为南京名刹之一。“文化大革命”时期，僧众被赶出庙门，房屋殿堂被江苏无线电厂占用。1998年，恢复正常宗教活动。2004年，建成万佛楼。

图14　毗卢寺

五、达摩遗存

在众多佛教人物中，达摩无疑是最具有神秘色彩的。传说他一苇渡江、面壁五年、创立禅宗，成为佛教文化中神话般的人物。南京现存与达摩相关的遗迹，就有多处。

达摩古洞　位于南京幕府山夹萝峰山腰之间，陡崖之上，岩洞深邃，曲径缭绕，可俯瞰长江。相传达摩受怠慢后北上的途中曾在此休息。洞壁上有两石碑遗痕，碑已被挖走，还有“达摩古洞”四字。

崇福禅寺　简称长芦寺，地处南京市六合区长芦镇，始建于南朝梁武帝萧衍普通年间（520—526），和隔江的栖霞寺遥遥相对。相传达摩与梁武帝萧衍“语多不契”，乃“一苇渡江”，来到江

图15　崇福禅寺

北的长芦寺。该寺（图15）构造宏伟，规模庞大，有“跑马出山门”之说，是六合最大的古刹，也是南朝时期著名的佛教寺院之一。

定山寺　位于今浦口区大顶山狮子峰下一箕形山坳里，背山面江，远望如群山之大门。定山寺（图16）系南北朝时崇尚佛教的梁武帝在原六合山下为高僧法定而建，敕名“定山寺”。定山寺是禅宗始祖达摩驻锡之地，现存达摩岩、一苇渡江碑等遗迹。定山寺被誉为“达摩第一道场”，也是中国禅

图16　定山寺

宗发祥地和最初祖庭之一。

第四节 民国建筑

南京民国建筑是民国时期（1912—1949）官方和民间在南京兴建的各类建筑的总称。南京是民国政府的首都，民国建筑数量众多，类型齐全，建筑风格、形式多样，反映了中国近代建筑的历史变迁，是中国珍贵的文化遗产。南京民国建筑无论从现存面积、数量，还是从种类、特色和品位上来讲，在全国同时期的建筑中都是无与伦比的。

一、行政办公类建筑

江苏咨议局　位于湖南路10号，是一幢仿西洋风格的建筑，建于1909年，在中国近代建筑史上占有重要地位。清光绪年间，全国仿效西方民主，纷纷发起立宪运动，各地相继设立咨议局，南通实业家张謇为首任江苏咨议局议长。江苏省咨议局大楼由孙支厦设计，为法国古典形式建筑。

总统府　位于长江路292号，坐北面南，原为清代两江总督衙署所在。1853年，太平天国定都南京后，改为天朝宫殿（天王府）。1864年，清曾国荃部攻陷天京后，全组建筑悉遭火焚，仅存石舫、望亭等建筑物。现存建筑物大都是1865年以后陆续复建。1912年初，孙中山宣誓就任中华民国临时大总统，曾在西花园西侧一幢西式平房内设大总统办公处所。国民政府定都南京后，择此处为国民政府办公所在地，后不断加以扩建，成为南京国民政府总统府。（图17）

图17　总统府

国民政府国防部　位于太平门内黄浦路，为清代陆军学校遗址，占地面积261000平方米。（图

图18　国民政府国防部

18）其建筑大多数是黄埔军校1928年迁来南京时所建，计有西式平房62幢、西式楼房17幢，其中，国防部具有代表性的办公用房和会议活动场所有蒋介石憩庐、122号楼、一字楼、大礼堂四处。

国民政府教育部 位于成贤街43号。该处为一矩形庭院，正门朝东，立柱式大门，砖石结构木垛，中门宽敞，两旁边门略窄。立面南北对称，中部门面由水漏石装饰，外墙由窗间柱自然分隔。木制大窗水漏石双边窗套。柱间墙用耐火面砖镶贴。1949年以后，原教育部办公用房尚保留4幢西式楼房，30余间中式平房。1983年将青砖小瓦、砖木结构的中式平房全部拆除重建，西式旧楼依然保存。（图19）

图19 国民政府教育部

二、使馆类建筑

英国驻中华民国大使馆 位于鼓楼区虎踞北路185号，是外国在南京最早建立的一座使馆。建于1922年，由英国建筑师设计，原建筑共有6幢，由2-3层的楼房组成。1949年以后，因拓宽马路和新

图20　英国驻中华民国大使馆

建中日友好大厦拆除了原有4幢建筑，现仅存1座使馆办公楼和1座公寓楼。（图20）

日本驻中华民国大使馆　位于鼓楼山坡西南角，北京西路1号和3号。现为南京武警支队和武警消防支队所在地。日本大使馆建于20世纪20年代，现仅存3号院内的一幢点式楼。该楼原为日本外交人员寓所，砖混结构，高四层，有巴洛克建筑的风格。

法国驻中华民国大使馆　位于高云岭56-1号，高楼门56号，金银街17号（原为10号）以及宁夏路4号（原为4-1号）等处。抗战前，法国在南京设有公使馆，馆址为高云岭56-1号。其建筑（图21）高二

图21　法国驻中华民国大使馆（高云岭）

层，砖木结构，法式风格。抗战爆发后，被迫关闭。1946年1月，法国政府任命梅里霭为首任驻华特命全权大使。梅里霭大使先后租用南京高楼门56号、金银街17号以及宁夏路4号为大使馆馆舍。

美国驻中华民国大使馆　位于鼓楼区西康路33号院内后部西山坡上，该建筑由3幢造型一致、尺寸相同的西式楼和3幢西式平房组成。使馆（图22）楼房依山坡地势而建，并排而立，横轴位置相对略偏，建于1946年。正立面中部为门廊，四面坡屋顶，屋脊两侧及后部竖有采暖烟囱。房屋平面呈“凹”字形，底层正面和侧面为起居通廊，中部为客厅和办公室，后部为厨房、餐厅。卧室、盥洗间布置在楼上。

图22　美国驻中华民国大使馆

三、文教科研建筑

金陵大学建筑群　位于汉口路22号。其代表性建筑有东大楼、北大楼（图23）、西大楼、东北大楼、图书馆、礼拜堂和学生宿舍等10余幢建筑。这些建筑在建筑风格上多采用中国传统宫殿式大屋顶，四合院布局。建筑群一律采用青砖墙面，歇山

图23　金陵大学北大楼旧址

顶，上覆灰色筒瓦，建筑造型严谨对称，进深较大，窗户较小，体现了中国北方宫殿式建筑的特征。建筑施工基本由中国陈明记营造厂承建，建筑材料除砖、瓦外，水泥、木材、玻璃等大多从国外进口。

金陵女子大学建筑群　位于宁海路122号。金陵女子大学1915年开学时设在南京绣花巷，此后校长德本康夫人筹划在宁海路随园一带建造新校园。随园金陵女子大学建筑群由美国建筑师亨利·墨菲、中国建筑师吕彦直设计，陈明记营造厂承建。

图24　金陵女子大学旧址建筑

1922年开工建设，1923年校舍落成。建筑造型采用中国传统宫殿式建筑风格（图24），建筑材料和结构采用西方钢筋混凝土结构，建筑物之间以中国古典式外廊相连接，为中西合璧的东方建筑群，被称为“东方最美丽的校园”。

四、公共性建筑

中央医院　位于中山东路303号，建于1929年。现存代表性建筑为医院的一座四层主楼，筹建于1930年1月，由杨廷宝设计，1933年主楼竣工。主楼采用钢筋混凝土梁、柱、楼板、砖承重外墙、平屋顶。建筑力求用西方建筑构造并融以中国民族格调的装饰，成功地体现了早期近代建筑的特征，当时被称为“现代式的中国建筑”。1949年后，原中央医院（图25）改作南京军区总医院。

图25　中央医院旧址

南京中国银行 位于白下路23号。该建筑为钢筋混凝土结构，1933年建成。建筑外部墙面采用淡黄泰山面砖，彩色水泥嵌缝，勒脚及柱础用苏州磨光花岗岩饰面，屋顶为青瓦屋面，屋脊采用人造脊饰漆金色，门楣为古铜制金字标牌，门沿采用镀古铜色金字短栅，立面简朴、素雅。房内采用西方现代豪华装饰，门厅及大厅均采用彩色水磨石地面，花纹奇特，做工精细。（图26）

图26　南京中国银行旧址

中央商场 位于新街口中山南路东侧商业闹市区，建于1935年，是南京最早、规模最大的商场。1934年冬，由国民党中央委员张静江、曾养甫等

图27　中央商场今貌

32人发起筹建。中央商场（图27）初期工程在1935年底告竣，1936年1月开张营业。新建商户铺户计160余间，全国有90多家厂商分别在商场内租赁铺面，设立商号，经营各类商品，还开设了茶座、酒吧间、跳舞厅。1937年抗日战争期间，商场被日军烧毁，曾作过日军的养马场，1940年10月，商场经修缮重新开业。抗日战争胜利后，原商场股东收回产权，开始对商场进行扩建。新中国成立后，商场被完好地保存下来，并经过多次修缮和改造。“文化大革命”期间，中央商场曾改名“人民商场”，1990年又恢复原名。

大华大戏院　位于中山南路67号，建于1935年。戏院（图28）坐东面西，门面迎街，是一座中西合璧式的建筑。戏院建筑为钢筋混凝土框架结构，局部采用砖墙承重，建筑面积4000平方米。观众厅上部是型钢屋架，轻质屋面。整个建筑装有冷暖空调设备，是当时南京标准最高、规模最大的一

图28　大华大戏院

家戏院。

国立美术馆　位于长江路266号，建于1935年，今为江苏美术馆（图29）。美术馆建筑平面呈“凸”字形，钢筋混凝土结构，主体四层，左右对称。建筑迎面为宽阔的庭院，周围设置半铁栅围墙，围墙大门迎向长江路。建筑形体及材料运用，按照西方现代手法处理。而在立面檐口、雨棚等细部仿额花纹装饰中又体现了中国古典风格，为南京早期西方现代建筑与中国传统风格交融一体的典型实例。

图29　国立美术馆旧址

中央博物院　位于中山门内中山东路321号，蔡元培于1933年倡建。中央博物院（图30）原设计是一组具有相当规模的建筑，主殿为工艺馆，两侧各建一座配殿，分别为人文馆和自然馆，但该设计未能完全实施。现在建成的建筑仅是其中的一个配殿——人文馆。该建筑为钢筋混凝土框架结构，由

图30　中央博物院旧址

大殿和四进展厅组成，建筑面积23000平方米。大殿系唯一一座仿辽代建筑，比例严谨，形象古朴，带有浓厚的复古倾向。展厅为现代功能的建筑，平顶屋面。中央博物院建筑气势宏大，平面开阔，是我国第一座用中国古典建筑手法设计的具有现代功能的博物馆建筑。

第五节　红色遗产

南京的发展史是和中华民族的命运紧密联系在一起的。它见证了民族历史上的大转折、大开端，遗留下诸多以红色文化为代表的革命遗产，具有重要的历史见证价值、文明传承价值和思想教育价值。红色文化遗产是中国共产党领导中国人民在革命斗争以及开展社会主义建设实践中形成的，包括革命遗址遗迹、遗物、陵园、纪念碑馆、名人故居旧址等物质文化和革命理论、革命精神、革命文艺作品等。

一、纪念场馆

雨花台烈士陵园 位于江苏省南京市城南的雨花台区，是雨花台风景区的主体部分。此处是一片丘陵地带，自1927—1949年，约有10万革命志士殉难于此。邓中夏、史砚芬、罗登贤、恽代英等烈士都在这里英勇就义。1950年，雨花台被辟为革命烈士陵园。奠基碑上有毛泽东主席书写的“死难烈士万岁”碑词。1979年，在北殉难处建成高10米、长14米的烈士群雕。1984年在陵园南部兴建纪念馆（图31），并在主峰峰顶建造高42米的纪念碑。新纪念碑身正面是邓小平手书的“雨花台烈士纪念碑”碑名。1988年被列入第三批全国重点文物保护单位。

图31 雨花台纪念馆

晓庄英烈与行知园　位于行知路1号。1927年3月，陶行知创办了南京晓庄师范。1928年夏，晓庄师范秘密建立了中共地下党支部，是“四一二”政变后南京地区最早恢复的党支部之一。1930年6月至9月，晓庄师范有30余名师生被捕入狱。晓庄师范青年学生石俊、叶刚、郭凤韶、袁咨桐、姚爱兰、谢纬棨、沈云楼、胡尚志、汤藻、马名驹10位同志在雨花台英勇就义。他们中年龄最大的23岁，最小的16岁。为纪念牺牲的10位英烈，1951年3月，在行知园南侧竖立起了“晓庄革命烈士永垂不朽纪念碑”（图32）。

图32　晓庄革命烈士永垂不朽纪念碑

王荷波纪念馆　位于南京市浦口区江浦街道行知路。王荷波是中国共产党早期工人运动领袖。他1916年来到南京，进入英国人兴办的浦镇机厂任机匠，后投身工人运动。五四运动中，他带领浦镇机厂工人上街示威游行。1920年底，他发起组织浦镇

图33　王荷波纪念馆

机厂工会，次年3月工会成立，先后任副会长、会长。1922年夏，王荷波在北京加入中国共产党。同年秋，他领导铁路工人建立起南京地区第一个中国共产党组织——浦口党小组，任组长。1927年10月，王荷波因叛徒出卖被捕，11月被军阀张作霖杀害于北京。2012年7月，南京市纪委、监察局联合浦口区委、区政府，在南京市浦口区建成主题鲜明、史料详实、功能齐全的王荷波纪念馆暨廉政教育基地（图33）。

南京渡江胜利纪念馆　位于挹江门城楼上，于1984年4月23日建立。纪念馆建筑面积8200余平方米，展览面积近 5000 平方米，总占地面积 21000 平方米，由主馆区、挹江门城楼、渡江胜利纪念碑（图34）三部分组成。

图34　渡江胜利纪念碑

革命烈士纪念碑　1949年4月20日至22日，由中国人民解放军第三十五军103师、104师、105师发起的解放江浦、浦镇、浦口的作战，是举世闻名的渡江战役前奏和重要组成部分，史称“三浦战役”。为纪念在战斗中牺牲的指战员，1957年4月，经报请江苏省人民革命委员会批准，在江浦县凤凰山建立革命烈士纪念碑。1999年4月，中共江浦县委和县人民政府决定，在该镇求雨山山顶重建纪念碑，于2000年落成。

二、革命旧址

八路军驻京办事处　位于青云巷41号、高云岭29号。八路军驻京办事处（图35）原为“张伯苓公馆”，是八路军在国民党统治区设立的第一个公开办事机构。1937年8月，周恩来通过与张伯苓的师生关系，租用张公馆作为八路军驻京办事处。博

图35　八路军驻京办事处

古、叶剑英、李克农、钱之光等人曾作为工作人员在此居住过，董必武、叶挺也曾经在此住过。虽然办事处只在此工作了3个月，但做了大量工作，为实现第二次国共合作，建立、巩固抗日统一战线作出了重要贡献。

梅园新村 位于长江路东端梅园新村街道两侧。梅园新村是中共代表团于1946年5月至1947年3月在南京与国民党政府进行和平谈判时居住和工作的地方。梅园新村17号是中共代表团办事机构所在地，30号（图36）是周恩来、邓颖超办公和居住的地方，35号是董必武、李维汉、廖承志、钱瑛等办公和居住的地方。

图36 梅园新村30号庭院

抗日根据地遗址 抗战时期，南京的郊县战略地位重要，是苏南抗日根据地的领导中心。新四军在南京留下的遗址主要有新四军一支队司令部旧址

图37　新四军一支队司令部旧址

图38　横山县抗日民主政府旧址

（图37）、新四军驻高淳办事处旧址、横山县抗日民主政府旧址（图38）及溧水李巷指挥部旧址等。李巷村是新四军苏南抗战的指挥中心，十六旅旅部、中共苏皖区委、苏南行政公署等苏南党政军首脑机关都曾驻扎在李巷，项英、陈毅、粟裕等老一辈革命家曾在此生活战斗。现今，溧水区在李巷及周边25个自然村筛选出20处有较高价值的红色文化遗址遗迹，有李家祠堂（十六旅旅部、中共苏皖区委、苏南行政公署驻地）、地下交通总站、溧水第一个农村党支部等旧址以及陈毅、江渭清等新四军领导旧居等。

第三章 江山代有才人出

南京人杰地灵，英才辈出。特殊的地理位置和优美的自然环境，吸引了众多的风云人物纷至沓来。他们来南京建都、创业 、致仕、求学 、游历……他们在南京或书写了名篇巨制，或画下了大美江山，或用政治之腕推动历史车轮前进，或用科技之力推动文明前行，在南京的文化发展史上留下了鲜明的印记。

第一节　政治人物

南京是东吴大帝孙权、明太祖朱元璋、中华民国大总统孙中山开国建业的地方；是谢玄、岳飞、韩世忠、徐达、邓廷桢等名将战斗过的地方；还是伍子胥、范蠡、王安石、刘基、方孝孺、海瑞、陶澍、曾国藩、李鸿章、张之洞等历代名臣从政的地方。他们为中华文明的延续谱写了一曲曲动人的赞歌。

一、“一代宏图开建业”——孙权

孙权（182—252），字仲谋。在其兄孙策创业过程中，他参与征战运筹，屡立奇功，深受孙策器重。孙策临终前将江东基业托付给年仅19岁的孙权。孙权临危受命，确立了“保据江东”“建号帝王以图天下”的目标。他一方面接受汉献帝所授的“讨虏将军”“会稽太守”的官号，表示拥护汉室；另一方面招贤纳俊，团结北方的淮泗人士和江东大族，组建了以孙氏为中心的江东政治集团。

东汉建安十六年（211），吴主孙权将政治中心从京口迁到秣陵。次年在楚金陵邑故址建石头城，改称建业（今南京）。220年，曹丕称帝，次年刘备称帝，分别建立魏、蜀。黄龙元年（229），孙权在武昌称帝，自此形成三国鼎立之势。同年九月，迁都建业，南京成为“十朝都会”由此肇始。（图39）孙吴统治时期，疆域南至南

图39　东吴大帝孙权纪念馆孙权像

海，兼有交趾，东至东海，北于江北与魏交界，西沿三峡及湘、黔、桂边界与蜀汉相邻。江南地区的社会经济、文化事业等各方面均获得了空前的发展。

二、“南朝第一帝”——刘裕

刘裕（363—422），字德舆，小名寄奴，彭城（今江苏徐州）人。东晋安帝元兴三年（404），刘裕与北府将领刘毅等起兵平定了篡位的桓玄，其后逐步进位为侍中、车骑将军、扬州刺史、录尚书事、都督中外诸军事。此后刘裕通过积累军功，不断壮大实力，提高威望。义熙十四年（418）十二月，遣人缢杀晋安帝，立司马德文为晋恭帝。两年后又逼恭帝禅位，于永初元年（420）六月称帝，国号宋，定都建康（今南京）。

图40 刘宋刘裕宁陵石刻

刘裕执政期间，强化中央集权，抑制豪强兼并，整顿吏治，重用寒门，发展生产，轻徭薄赋，废除苛法，振兴教育，举善旌贤，终结了门阀专政，奠定了南朝“寒人掌机要”的政治格局。他对江南经济的发展，汉文化的保护与发展有重要贡献，为“元嘉之治”打下坚实的基础。他被李贽誉为“定乱代兴

之君”，也被称为“南朝第一帝”。（图40）

三、“千古词帝”——李煜

李煜（937—978），五代南唐后主，著名词人。（图41）初名从嘉，字重光，号钟山隐士、莲峰居士等，南唐中主李璟第六子。北宋建隆二年（961）六月即位，史称李后主。开宝八年（975），归降北宋，被押至汴京（今河南开封），封为违命侯，挂名担任光禄大夫、检校大傅、右千牛卫上将军，后因作感怀故国的名词《虞美人》而被宋太宗毒死。

图41　李煜像

李煜精书法，善绘画，通音律，尤以词的成就最高，被称为“千古词帝”，这在中国历代帝王中可谓绝无仅有。李煜的传世词有30余首，其词以亡国为界分为前期与后期，词风迥异。前期所反映的大多是奢华的宫廷生活，风格柔靡。后期则直抒胸臆，短小明朗，含义无穷，有很高的艺术魅力，为后世广为传颂。李煜继承了晚唐以来花间派词人的传统，但在词的题材和意境上皆有所突破，对后人影响很大。

四、“和尚皇帝”——朱元璋

图42　朱元璋像

朱元璋（1328—1398），字国瑞，原名重八，后取名兴宗，濠州钟离人（今安徽凤阳），明朝开国皇帝。朱元璋（图42）幼时贫穷，曾为地主放牛。1344年，入皇觉寺为僧，25岁时参加郭子兴领导的红巾军，反抗元朝。1356年，被部下诸将奉为吴国公。同年，攻占集庆路，将其改为应天府。1367年，命徐达、常遇春以“驱逐胡虏，恢复中华”为号召，北伐中原，结束蒙元在中国的统治，丢失四百年的燕云十六州也被收回。1368年，朱元璋在应天府称帝，国号大明，年号洪武。八月初二日（9月13日），朱元璋颁布《立南北两京诏》，以金陵为南京。这是南京命名之始，也是南京第一次成为全国性统一政权的都城。

朱元璋在位期间，对社会各个方面都进行了改革。政治上进一步加强了中央集权，废丞相，设承宣布政使司、提刑按察使司、都指挥使司，惩治不法勋贵；军事上实施卫所制度，北伐残元；经济上进行移民屯田和军屯，兴修水利，解放奴婢，减免税负；文化上办教育，兴科举，建立国子监培养人才；外交上加强海外交流，恢复中华宗主国地位。在其统治时期，社会生产逐渐恢复发展，史称“洪武之治”。1398年（洪武三十一年），朱元璋病逝，享年71岁，庙号太祖，谥号高皇帝，葬明孝陵。

五、民主革命先行者——孙中山

孙中山名文，字德明，后号日新，改号逸仙，曾化名中山樵，广东香山（今广东中山）人。光绪四年（1878）起先后在檀香山、香港、广州等地求学。光绪二十年（1894），于檀香山建立兴中会。光绪三十一年（1905），在日本东京联合华兴会、光复会等成立中国同盟会，被推为总理，提出了三民主义学说。此后，在国内外积极发展革命组织，并多次发动推翻清政府的武装起义。宣统三年八月十九日（1911年10月10日），武昌起义爆发，各省纷起响应。十一月十日（12月29日），17省代表推选孙中山为中华民国临时大总统。

1912年1月1日，孙中山在南京正式宣誓就职。在任期间，孙中山共签发文件100多件，颁布政治改革和社会改革法令30余件，主持制定了《中华民国临时约法》（图43），为新生的革命政权竭尽心力。孙中山曾设想将南京建成一座对外开放的江海型港口城市，并提出建设以南京为中心的铁路网和发展南京工矿业的方案，但由于历史和社会的原因，该设想未能实现。3月31日，孙中山被迫辞去

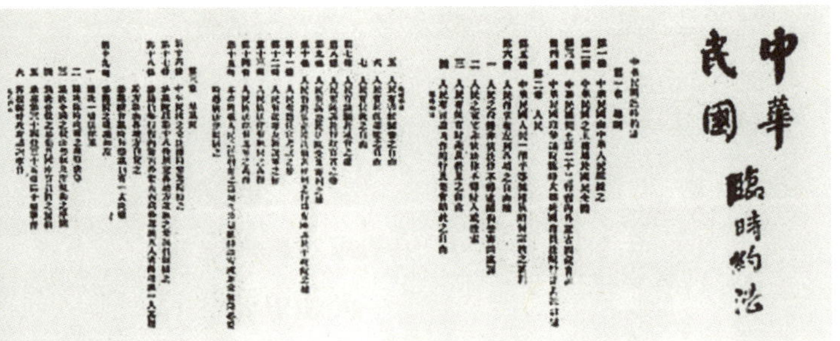
中華民國臨時約法

图43　中华民国临时约法

临时大总统的职务，让位于袁世凯。1913年，孙中山发起了讨袁的“二次革命”，失败后流亡日本，建立中华革命党。1917年，在广东发动“护法运动”。1919年，将中华革命党改组为中国国民党。在1924年1月召开的国民党一大上，主持确立了“联俄、联共、扶助农工”的三大政策，同时创办了黄埔军官学校。1925年3月病逝于北京，根据他生前“归葬紫金山”的遗愿，后葬于南京中山陵。其遗著有《孙中山选集》《中山全书》等。

第二节　文人骚客

南京人文荟萃，是文学家生活与创作的地方，处处萦绕着文人墨客的情思遐想、迁客骚人的心驰神往。南京是中国文学艺术的重镇，自古至今，文艺人才辈出，高峰迭起，涌现出了陆机、王羲之、颜延之、谢灵运、沈约、江淹、谢朓、刘勰、萧统、李渔、方苞、吴敬梓、曹雪芹、袁枚等一批文学艺术名家，留下许多传诵千古的文艺佳作。及至当代，南京在词学、典学、文学史和批评史等领域有开拓、奠基的作用，诞生了胡小石、陈中凡、罗根泽、黄侃、汪辟疆、王伯沆、吴宓等一批文学史和批评史名家；陈匪石、汪东、乔大壮、唐圭璋等词学大家；吴梅、卢前、钱南扬等戏曲理论大家；张友鸾、张恨水、叶灵凤、赛珍珠等新小说名家以及陈白尘等戏剧名家。

一、古代文学家

谢灵运（385—433），小字客儿，陈郡阳夏（今河南太康）人，移居会稽（今浙江绍兴），东晋名将谢玄之孙。谢灵运与颜延之、鲍照一起被誉为“元嘉三大家”。谢灵运出身于显赫的陈郡谢氏家族，早年很有政治抱负，但刘宋皇帝只欣赏他的文才，并无在政治上重用之意，反而压制、提防他，将他由公爵降为侯爵。谢灵运对此愤愤不平，从而放情于山水之间，创作了大量的山水诗篇，被尊为“山水诗派”的鼻祖。为了登山的便利，谢灵运还专门设计了一种木屐，上山时去掉前齿，便于爬山，下

图44　谢公屐

山去掉后齿，利于下山，被称为“谢公屐”（图44）。谢灵运的诗歌注重辞采，雕章琢句，扭转了寡淡的玄言诗风，为永明时代新体诗的出现打下了基础。

干宝（？—336），字令升，新蔡（今属河南）人，两晋之际史学家、文学家，著有《晋纪》，时称良史，今已佚。好阴阳术数，集神怪灵异故事，撰有《搜神记》（图45）一书，该书是保

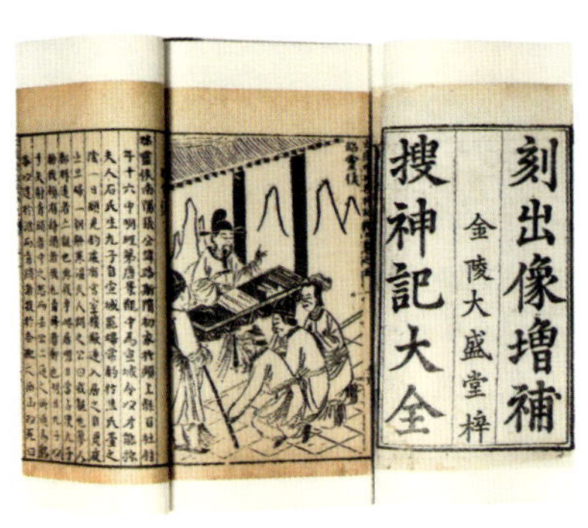

图45 《搜神记》

存最多且具有代表性的一种志怪小说。原本30卷，已散佚；今本20卷，400余篇则为明代辑录而成。该书主要记载了神仙术士、鬼灵精怪、灵奇之物、妖祥卜梦、神灵感应、报应故事、历史传说、神话异闻等，时人称干宝为“鬼之董狐”。《搜神记》代表了魏晋志怪小说的最高成就，后世许多戏剧、小说都曾从中吸取素材。

刘勰（约465—约532），字彦和，祖籍东莞莒县（今山东莒县），侨居京口（今江苏镇江），在南京钟山定林寺完成了文学理论巨著《文心雕龙》

（图46）。《文心雕龙》全书共10卷，分上、下编，共50篇。该书系统完整，涉及文学的各个方面，将文学理论批评推上高峰，对后世影响深远，其“风骨”“气韵”“形神”的文学艺术观点对唐代有名的诗人如陈子昂、李白、杜甫、韩愈等人都有重要影响。直至现在，仍有不少人对它做专门研究，以至出现“龙学”这一名称。现南京钟山南麓的定林山庄内建有刘勰纪念馆。

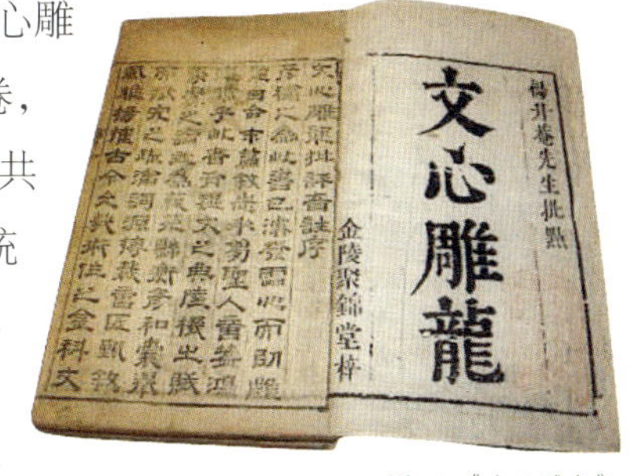

图46 《文心雕龙》

萧统（501—531），南朝梁文学家，字德施，小字维摩，梁武帝长子，谥昭明，世称昭明太子，葬安宁陵。萧统喜好文学，能诗善赋，曾在建康集纳才学之士，与之谈古论今，研讨儒事文学，兼探佛理。广收古今书籍3万余卷，堪为一时之最，建康逐渐形成一个以萧统为中心的“才名并集”的文学集团。《文选》（图47）是萧统在东宫时聚集文士

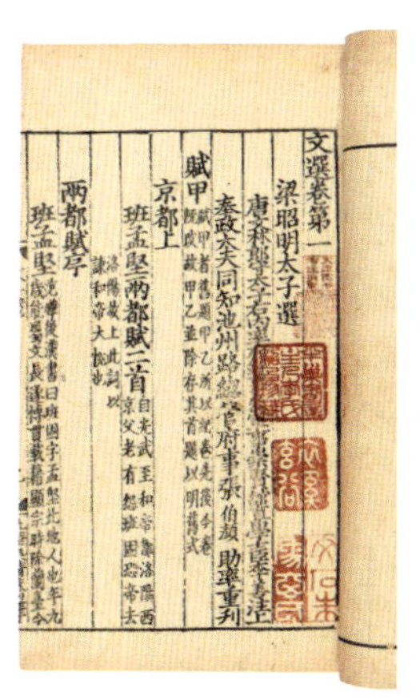

图47 《昭明文选》

共同编定的一部文章选集，全书30卷，以不录生者、详尽远略为原则，收录了从先秦子夏、屈原至南朝梁时130多位作者的700多篇各种体裁的文学作品，保存了梁以前七八百年间的大量重要文学作品。《文选》渐成为士子学习诗赋的范本，形成了“文选学”。

周兴嗣（？—521），字思纂，陈郡项县（今河南沈丘）人，世居姑熟（今安徽当涂）。少时游学建康十余年，博通传记，善写文章，撰《梁皇帝实录》等100余卷。梁武帝曾命其拓取王羲之遗书中1000个不同的字，以供诸王临习。梁天监八年（509），周兴嗣以韵排序，遂一夜编成四言韵书《次韵王羲之书千字》，后名《千字文》（图48）。千字文内容从天象、地理、历史典章、为人处事，到务农、读书、饮事等各个方面，用1000字

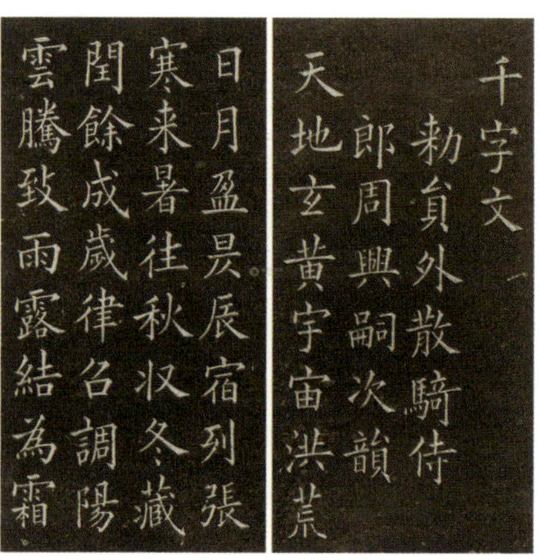
千字文
勅員外散騎侍
郎周興嗣次韻
天地玄黃宇宙洪荒
日月盈昃辰宿列張
寒來暑往秋收冬藏
閏餘成歲律呂調陽
雲騰致雨露結為霜

图48 《千字文》

写出了文字优美、内容丰富的识字、常识课本。文中1000字本来不得有所重复，但周兴嗣在编纂文章时，重复了一个“洁”字（洁、絜为同义异体字）。因此，《千字文》实际只运用了999字。

颜之推（531—约595），字介，原籍琅琊临沂（今山东省临沂市），生于建康（今江苏省南京市）一个以儒学传家的士族家庭，系孔子得意门生颜回的第三十五世孙，是南北朝时期著名的教育家、文学家。颜之推早传家业，12岁时听讲老庄之学，因“虚谈非其所好，还习《礼》《传》”，生活上“好饮酒，多任纵，不修边幅”。他博览群书，为文辞情并茂，得梁湘东王赏识；后投奔北齐，历20年，累官至黄门侍郎；北齐为北周所灭后，被征为御史上士；隋灭北周后，又被隋召为学士，“三为亡国之人”。传世著作有《颜氏家训》（图49）《还冤志》等。《颜氏家训》共二十篇，以儒家思想教育子孙后代，是一部系统完整的家庭教育教科书，后世称之为“家教规范”。

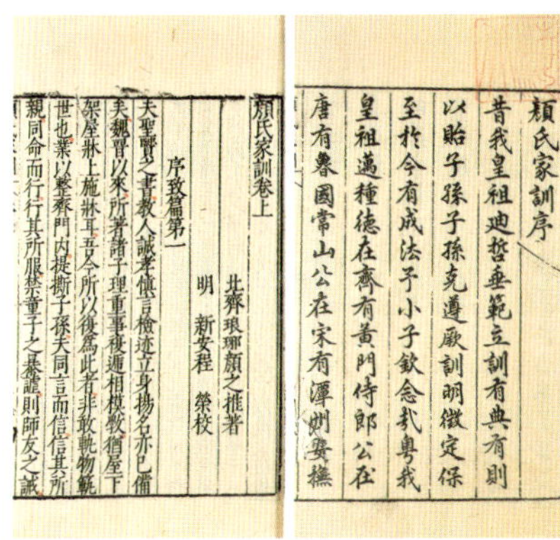

顏氏家訓序
昔我皇祖廸哲垂範立訓有典有則
以貽子孫子孫克遵厥訓明徵定保
至於今有成法予小子欽念哉粤我
皇祖邁種德在齊有黃門侍郎公在
唐有魯國常山公在宋有潭州贇撫

顏氏家訓卷上
北齊琅琊顏之推著
明 新安程 榮校
序致篇第一
夫聖賢之書教人誠孝慎言檢迹立身揚名亦已備
矣魏晉以來所著諸子理重事複遞相模斅猶屋下
架屋牀上施牀耳吾今所以復爲此者非敢軌物範
世也業以整齊門內提撕子孫夫同言而信信其所
親同命而行行其所服禁童子之暴謔則師友之誡

图49 《颜氏家训》

汤显祖（1550—1616），字义仍，号若士，又号海若、清远道士，江西临川人，明代杰出的剧作家、文学家，在中国和世界文学史上占有重要地位，被誉为“东方的莎士比亚”。万历十二年（1584），汤显祖赴南京任太常寺博士，任上写成了《紫钗记》。1598年，汤显祖因不满官场腐败愤而弃官归里，潜心于戏剧及诗词创作，写成了《牡丹亭》《邯郸记》等名剧，其中《牡丹亭》最为有名，传至南京后引起轰动，连演10年而不衰。汤显祖的剧作不但为我国历代人民所喜爱，而且已传播到英、日、德、俄等很多国家，被视为世界戏剧艺术的珍品。

吴承恩（约1500—1582），明代小说家。字汝忠，号射阳山人、射阳居士，山阳（今江苏淮安）人。嘉靖二十八年（1549）迁居南京，就读于南京国子监。十余年间，与秦淮河畔的四方文士交好，征逐诗酒，砥砺文辞，风流不羁。宋元以来就有关于唐僧取经等故事的南戏、杂剧等，吴承恩在元刊话本《大唐三藏取经诗话》、已佚元本《西游记》等基础上再创作成书。由金陵书坊主世德堂唐光禄购得此稿本，于万历二十年（1592）订校刊行，名《新刻出像官版大字西游记》，20卷，是最早的刊本。初无题署，后有金陵大业堂重刊本。

曹雪芹（约1715—1764），清代小说家，名霑，字芹圃，号雪芹等，生于南京。祖父为江宁织造曹寅，深受康熙皇帝宠幸。雍正五年（1727）曹家败落后，次年迁居北京。约乾隆二十四年（1759）至次年夏，曾回南京居住。晚年创作了八十余回的长篇小说《石头记》。其中，金陵影迹历历可寻，所写景物以及人、事在江宁均有其原型。该书被誉为中国古典小说的最高成就，产生了深远的社会影响。时人有“开卷不读《红楼梦》，纵读诗书也枉然”之说。

方苞（1668—1749），清代散文家，字凤九，又字灵皋，晚年自号望溪，安徽桐城人，生于六合，定居江宁城内龙蟠里，父兄墓皆在今江宁区。方苞为桐城派创始人，晚年著作颇丰，一生所著10种经学著作大多数成于此时。方苞首创了“义法”说，倡导“道”“文”统一。方苞与刘大櫆、姚鼐均为桐城人（今安徽），被誉为“桐城三祖”。

姚鼐（1732—1815），字姬传，一字梦穀，室名惜抱轩，清代散文家，桐城派理论的集大成者。乾隆五十五年至嘉庆五年（1790—1800），主讲江宁的崇正书院、钟山书院；嘉庆十年至嘉庆二十年（1805—1815），再次出任江宁钟山书院山长，以古文授徒，以至80余岁仍与诸生讲论不倦，人称其“学品兼备”，至有不远千里慕名而来者。门下“姚门四杰”中的梅曾亮、管同均为金陵人，文名颇盛。

袁枚（1716—1797），字子才，号简斋，钱塘（今浙江杭州）人，清代诗人、诗论家。乾隆七年

（1742）改放外任，在溧水、江浦、沭阳、江宁等地任知县；乾隆十三年（1748）辞官，定居江宁（今南京），筑室小仓山隋氏废园，改名随园，世称随园先生。袁枚与赵翼、蒋士铨并称“乾隆三大家”。袁枚把“性灵”和“学识”结合起来，以性情、天分和学习为创作基本，以真、新、活为创作追求，表现个人生活遭际中的真实感受、情趣和识见，被认为是明清性灵说的主要代表者。袁枚有诗4000余首，是乾嘉时期主要诗论家之一。《随园诗话》及《补遗》《续诗品》是他诗论的主要著作。

二、现当代文学名家

图50 《全宋词》

唐圭璋（1901—1990），字季特，满族人，生于南京。毕生从事词学研究及教学，在词学资料的搜集、整理、考证、鉴别等方面做出了特殊贡献，为一代词坛宗匠。1949年前，曾任中央大学、金陵大学中文系教授。新中国成立后，历任南京大学、东北师范大学、南京师范大学教授。编著有《全宋词》（图50）《全金元词》《词话丛编》等，著有《宋词三百首笺注》《南唐二主

图51　南京赛珍珠旧居

词汇笺》《宋词四考》《元人小令格律》《词苑丛谈校注》等。

赛珍珠（1892—1973），美国现代女作家，出生于美国弗吉尼亚州。1919年，随丈夫到南京（图51），任教于金陵大学，并先后在东南大学、中央大学任教，致力于小说创作。1923年，发表处女作《也在中国》，后陆续写了《异邦客》《东风、西风》《大地》等作品。其中《大地》于1931年在美国出版，迅速成为炙手可热的畅销书，被译成多种文字，并于1938年获得诺贝尔文学奖。她还将七十回本的《水浒传》译成英文在西方出版，引起了西方对中国古典小说的关注。

张恨水（1895—1967），原名张心远，祖籍安徽潜山，生于江西上饶（一说景德镇）。1936年，举家迁至南京，是新鸳鸯蝴蝶派代表人物。张从小酷爱文学，尤喜爱风花雪月式的词章，一生致力于通俗文艺创作，共著小说、杂著110部，字数逾千万，是现代小说的集大成者。主要代表作有《春明外史》《京城幻影》《天上人间》《金粉世家》《啼笑姻缘》等。他还以南京为背景创作了小说《丹凤街》，原名《负贩列传》，书中人物口语系地道的南京方言，生动地描绘了民国首都南京的市井文化风俗。

吴梅（1884—1939），字瞿安，号霜厓，江苏长洲（今苏州）人，戏曲理论家、作家。光绪三十二年（1906）起，先后在东吴大学堂、南京第四师范、北京大学等任教。1922年，应郭秉文之邀，举家迁至南京，任东南大学教授，专授词曲。1926年，组织“潜社”，被推为盟主。后应金陵大学国文系之聘，为文学研究班讲授金元散曲。吴梅是第一个在高等学府传授戏曲课的老师，开创了研究曲学之风气。他授课强调理论、实践并举，注重因材施教，其学生在词学、曲学等研究领域独树一帜者甚多。民国时期就有“北维（王国维）南吴”的美誉。在南京期间，吴梅共撰有学术著作10余部，主要有《中国戏曲概论》《词学通论》《南北词曲谱》等。

第三节　书画名家

南京艺术名家辈出，人才荟萃。六朝时期书法名家有皇象、王羲之、王献之、羊欣等；绘画名家有曹不兴、顾恺之、陆探微、张僧繇等。南唐时期，诞生了花鸟画家刘熙、人物画家王齐翰和周文矩，以及山水画家董源等。明朝南京有以赵原、卓迪、郭纯、周位、王仲玉等为表的“院体”画派。民国时期产生了汪采白、张大千、傅抱石、徐悲鸿等绘画大师。

一、古代书画名家

皇象　三国吴书法家，字休明，官至侍中、青州刺史。幼工书，师从杜度，善篆、隶、章草。皇象学习别人的书法，能取各家所长，其书法被赞为“中国善书者不能及也”。时人将他的书法与严武棋、曹不兴画等并称八绝。晋葛洪《抱朴子》誉其为“一代绝手”。南朝宋羊欣说：“吴人皇象能草，世称沉著痛快。”唐张怀瓘《书断》评他的章草为神品，八分为妙品，小篆为能品。传世书迹有《文武帖》《急就章》《天发神谶碑》（图52）。今世仅存《急就章》石刻。此帖点画简约、凝重，

图52 《天发神谶碑》拓文

结字工整，法度森严，是学习章草的优秀范本。

王羲之（303—361），出自东晋名门琅琊王氏，字逸少，祖籍琅琊（今属山东临沂），后迁至会稽（今浙江绍兴），晚年隐居剡县金庭。王羲之擅长书法，兼善隶、草、楷、行各体，精心研究各种书体，并能将之融于一体，自成一家。其书法笔法精妙、结体遒美、章法巧妙，后人尊他为“书圣”。王羲之的代表作有《黄庭经》《兰亭集序》《乐毅论》《十七帖》等，其《兰亭集序》（图53）被誉为“天下第一行书”。与王羲之有关的典故有“入木三分”“东床快婿”等。

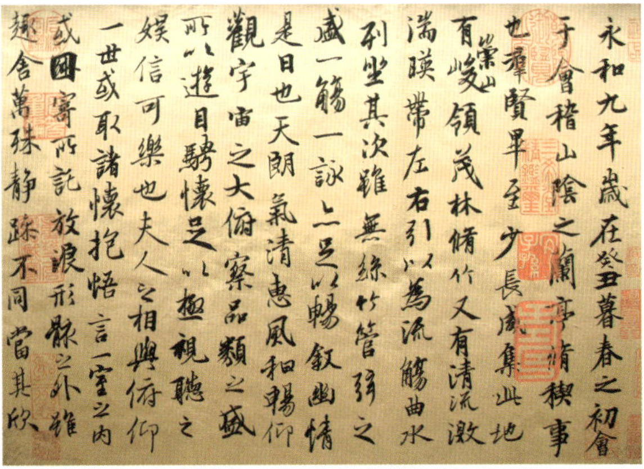

图53 《兰亭序》

王献之（344—386），以行书和草书闻名后世，在书法史上被誉为“小圣”。王献之幼年随其父王羲之学书法，兼学张芝，敏于革新，创造了上下相连的草书，穷微入圣，与其父同称“二王”。

晋末至梁代的一个半世纪里，王献之的书法影响力甚至超过了其父王羲之。梁书画家袁昂在《古今书评》中说：“张芝惊奇，钟繇特绝，逸少鼎能，献之冠世。”《廿九日帖》与《洛神赋十三行》等是他的代表作。

曹不兴　生卒年不详，三国孙吴画家，吴兴（今浙江湖州）人。曹不兴擅长宗教画，是中国历史上第一个画佛像的画家，被尊称为“佛画之祖”。曹不兴画、皇象草书、严武的棋等并称“八绝”。所谓“曹衣带水，吴带当风”，即指曹不兴画衣及吴道子画带生动活泼的特点。其画今已不存。

顾恺之（约345—409），东晋画家。字长康，小字虎头，晋陵无锡（今江苏无锡）人。相传他在建康瓦官寺附近有宅，称“顾楼”。门前小巷被称为“顾楼街”，至今地名尚存。顾恺之博学多艺，工诗赋、书法，尤精绘画，有“三绝”（才绝、画绝、痴绝）之称。其画笔迹周密，如春蚕吐丝，形

图54 《女史箴图》

成独特的“密体”。顾恺之画作受到谢安高度评价，被认为是“自有苍生以来从未有过的杰作”。顾恺之作画，意在传神，其“迁想妙得”“以形写神”等论点，以及提出的“六法”，为中国传统绘画的发展奠定了基础。其画真迹无一传世，现存《女史箴图》（图54）《洛神赋图》《列女仁智图》等，均为唐宋摹本。

张僧繇 生卒年不详，南朝梁画家，吴郡（今江苏苏州）人，长居建康。张僧繇与东晋顾恺之、刘宋陆探微和唐代的吴道子并称为“画家四祖”。张僧繇擅长人物故事画及宗教画，有“画龙点睛”“破壁飞去”的传说。梁武帝凡装饰佛寺，多命他画壁。张所绘佛像，自成样式，被称为“张家样”，为雕塑者所楷模。张僧繇是南朝梁代绘画成就最大的人。他率先运用印度透视画法——凹凸晕染法，使我国绘画开始注重阴影和透视，对后世画风影响很大。张僧繇的作品有《汉武射蛟图》《行道天王图》《醉僧图》等，已无真迹流传。

“金陵八大家” 清康熙、乾隆年间，在南京地区出现了龚贤、樊圻、高岑、邹喆、吴宏、叶欣、谢荪、胡慥等著名的八位画家，世称“金陵画派”。其中成就最高者为龚贤。龚贤曾说：“今日画家以江南为盛，江南十四郡以首都（南京）为盛，郡中著名者且数十辈，但能吮笔者奚啻千人！”龚贤（1618—1689），字半千，号野遗，江苏昆山人。出身于破落官宦之家，少时寓居金陵。明末参加复社，明亡后流落北方20年。康熙四年（1665）回到江宁，在清凉山下筑“半亩园”居住，以卖画授徒为生。龚贤是明清之际中国画坛最杰出的绘画大师之一。代表作有《清凉环翠图》《摄山栖霞图》等。

二、现代书画名家

徐悲鸿（1895—1953），现代画家、美术教育家，原名寿康，江苏宜兴人，自幼习诗文、书画。1917年，赴日研习美术；1919年，赴法国留学，精研素描与油画；1928年，受聘为中央大学艺术系教授；次年5月，由上海移居南京，居于傅厚岗。徐悲鸿现实主义的创作思想、教育思想和艺术革新精神，对近代、当代美术发展影响巨大。他与张书旗、柳子谷三人并称为画坛的“金陵三杰”，所作国画彩墨浑成，尤以奔马（图55）画作称誉于世。

林散之（1898—1989），现代书画家、诗人，

图55 《八骏马图》

原名以霖，号三痴，后改名散之，别号左耳、江上老人等，祖籍安徽和县，生于江浦。林散之早年师从张青甫学画肖像，长期在南京工作、生活、创作。其“散体”草书用笔变化多端，有很强的艺术感染力。1973年，草书作品《东方欲晓》发表于《人民中国》，震动中日书坛，被誉为“当代草圣”。著有《林散之诗书画选集》《林散之书法选集》等。

第四节　科技人物

南京素以人文荟萃、科技发达而著称。距今5000年前至距今3000年前，南京地区的居民已掌握冶铜技术。六朝时期，南京在数学、医药、化学、造船等方面的技术处于世界领先水平，涌现了祖冲之、虞喜、何承天、葛洪、陶弘景等杰出的科学家。明朝，南京在天文、造船、航海、印刷、建筑等方面有突出成就。近代以来，南京是国内科技发达地区，培养了众多的科技名家。民国时期，中央研究院的各研究所集中了全国一流的研究人员，他们在各自领域里取得了杰出成就，对中国近代科学技术的发展做出了巨大贡献。

一、古代科技人物

祖冲之（429～500），南朝宋齐间科学家，字文远，原籍范阳遒（今河北涞水），生于建康一个士族家庭。祖冲之（图56）所求的圆周率在3.1415926和3.1415927之间，这是在世界数学史上第一次将圆周率推算到小数点以后七位数字。祖冲之还以两个分数值即7/22与355/113分别表示圆周率的约率与密率，这比欧洲数学家求得相同数值早了约一千年。祖冲之对圆周率数值的精确推算值，被命名为“祖冲之圆周率”，简称“祖率”。祖冲之与儿子祖暅在前人基础上提出了求球体积的准确公式，后人称之为“祖氏定理”，领先西方一千多年。祖冲之因数学上的杰出成就受到世界各国科学界人士的推崇。1960年，苏联科学家们将月球背面的一座环形山命名为“祖冲之环形山”。1964年，紫金山天文台发现的一颗小行星，被命名为“祖冲之小行星”。

图56　祖冲之雕像

葛洪（约281—341），东晋道教理论家、炼丹术家、医药学家、文学家。字稚川，自号抱朴子，晋丹阳郡句容（今江苏句容县）人。葛洪纵贯道、儒思想，毕生效力于“穷览典籍”及炼丹术、医药学研究，成果丰富。同时，继承和发扬了早期道教的神仙理论。著有《抱朴子》等书。

陶弘景（456—536），字通明，齐梁间道教思想家、医学家，自号华阳隐居，丹阳秣陵（今江苏南京）人，卒谥贞白先生。（图57）齐时为诸王侍读，后为左卫殿中将军。梁武帝永明十年（492），辞官赴句曲山（茅山）隐居，从孙岳游学，并受符图经法。之后遍历名山，寻访仙药。梁武帝礼聘不至，却每每向其咨询朝廷大事，时人称为“山中宰相”。在整理古籍《神农本草经》的基础上，吸收魏晋间药物学的新成就，撰有《本草经集注》七卷，所载药物凡七百三十种，对后世本草学之发展有很大影响。

图57　陶弘景塑像

方以智（1611—1671），江南桐城（今安徽桐城）人，字密之，号曼公，法名弘智，明代思想家、哲学家、科学家。方以智曾受邀担任南明内阁大学士。明亡后，方以智为僧，法名弘智，秘密组织反清复明活动。康熙十年（1671），方以智因“粤难”被捕，于押解途中逝世。方以智家学渊源，博采众长，主张中西合璧，儒、释、道三教归一。存世作品数十种，内容广博，涉及文、史、哲、地理、医药、物理等。方以智在物理学方面有诸多创见，他提出了气光波动学说以及“光肥影瘦”的概念，著有《物理小识》。

二、现代科技人物

李四光（1896—1971），字仲拱，原名李仲揆，湖北黄冈人，中国地质力学的创立者，中国现代地球科学和地质工作的主要领导人和奠基人之一。（图58）民国时期，李四光为中央研究院院士并在中央大学任教。20世纪20年代，李四光致力于蜓科化石的研究，是系统研究蜓科化石的第一位中国学者，著有《中国北部之蜓科》。为此，英国伯明翰大学特授予他自然科学博士学位。此后，他又致力于第四纪冰川、地壳构造或地壳运动规律的研究，为我国第四纪地质的研究揭开了新的一页。其对地质构造和地壳运动的研究，从地壳运动的方式方向上探求了力的作用和地壳运动的起源，发现了东亚地质构造山字型、多字型等七种形式。20世纪30年代，李四光在伦敦出版了《中国地质学》一书，这是第一部由中国人自己

图58　李四光

写的中国地质学著作。

侯德榜（1890～1974），福建闽侯人，我国杰出的化学家，“侯氏制碱法”的创始人。（图59）早年先后入上海铁路学堂和北京清华学校学习。1913年留学美国，先后入麻省理工学院和哥伦比亚大学学习，获博士学位。回国后任塘沽永利碱厂和南京永利硫酸铔厂总工程师兼厂长，后兼任中央研究院评议员和研究院院士。侯德榜是世界著名制碱专家，1932年出版英文版《纯碱之制造》一书，第一次将苏维尔制碱法的全部过程与理论公诸于世，被称为“中国化学家对世界文明所做的重大贡献”。1935年6月，中国工程师学会授予他荣誉金牌。1939年，他提出了联合制碱法的理论，为当时世界上最先进的制碱方法，被称为“侯氏制碱法”。侯德傍被英国化学工业协会、英国皇家学会、美国化学工程学会授予名誉会员称号。1949年后，历任中国科学院学部委员、化工部副部长，全国政协副主席，中国化学工业学会理事长等职。

图59　侯德榜

第四章 民间风物灿若锦

南京有着丰富的非物质文化遗产资源。截至2016年3月，南京共有南京云锦织造技艺、中国雕版印刷技艺（金陵刻经印刷技艺）、中国剪纸（南京剪纸）、古琴艺术（金陵琴派）等联合国人类非物质文化遗产项目4项，秦淮灯彩、竹马、龙舞、南京白局等国家级非物质文化遗产代表项目11项，留左吹打乐、南京评话等省级非物质文化遗产代表作64项，骨牌灯、南京风筝等市级非物质文化遗产代表作66项。

第一节　民间文学

民间传说是非物质文化遗产的重要组成部分。南京共有7项省级民间文学非遗项目，包括项羽故事、达摩传说、伍子胥故事、卞和献玉传说、崔致远与双女坟的故事、秦淮传说故事、梁祝的传说等；有市级民间文学非遗项目10项，包括脱尾龙传说、白鹿遗踪的传说、董永传说、太子山的传说、黄天荡的故事、龙袍玉带的传说、栖霞寺石匠成佛的传说、东山再起的传说、汤山温泉的故事、牛头宗的故事等。

一、项羽故事

2000多年前，刘邦和项羽双雄并起，叱咤风云，合力灭秦，其后又一分为二，经过几年的楚汉相争，最后以刘邦的胜利告终。项羽与浦口的历史传说，则始源于该历史事件，项羽经垓下之战败走浦口至乌江自刎的过程中，在该地区留下了21个传说故事。这21个传说故事在浦口地域内因故事而俗成其地名，并又以地名为承载将故事流传至今。由这21个地名承载的相对独立又紧密关联的项羽与浦口的历史传说，在浦口地区妇孺皆知、广为流传。这对研究浦口地域的民风民情民俗具有重要价值。2007年，项羽与浦口的历史传说被南京市人民政府列入首批南京市非物质文化遗产代表作名录；2009年，又被列入第二批江苏省非物质文化遗产代表作名录。

二、董永传说

董永和七仙女的爱情故事在江宁丹阳镇流传久远。明宣德八年（1433），丹阳境内开始流传董永和七仙女美丽动人的爱情故事。传说中的董永家住董塘村，家境贫寒，自幼丧母，父子相依为命，以种菜为生，董父积劳成疾，不幸病亡，董永无钱葬父，只得卖身到傅员外家为奴三年，贷钱殡葬亡父。人间孝道感动天宫七仙女，遂下凡乔扮民女，在老槐树下与董永相遇，以老槐树为媒并结为夫妻。七仙女为董永赎身，吃尽千辛万苦。傅员外万般刁难，天宫众仙女帮助，董永才获得自由，从此夫妻二人过着“你浇园来我织布”的幸福生活。后人为了缅怀七仙女和董永，便在丹阳镇中心立了一座七仙女送子给董永的汉白玉雕像，上题“人间天堂”四个大字，旁边栽了一棵老槐树，作为永久性标志。2007年，被列入首批南京市非物质文化遗产代表作名录。

三、卞和献玉传说

高淳区桠溪镇关于卞和献玉的传说在民间流传甚广。在高淳的桠溪境内，有一座山，叫“望玉山”，又叫“泪山”“状元山”。相传在春秋时，有一个叫卞和的人，住在荆山脚下，在望玉山上发现了宝玉，先后送给楚厉王、楚武王，因两代楚王都认为不是宝玉而先后砍去卞和两足，楚文王登基后，卞和又将宝玉献上。为了表彰卞和献玉的真诚，楚文王便把璧命名为“和氏璧”，并以大夫之禄给卞和以养终身，故此山又名“状元山”。卞和也成了“献宝状元”之祖。卞和死后，卞家村人把他安葬在状元山下，立碑纪念。2005年以来，高淳对椏溪卞和献玉的传说进行收集、整理，寻访了民间故事源，并对该项目的音像图文资料进行建档，编写了《高淳民间故事集成》专辑，将椏溪卞和献玉的传说列入其中。2007年，该项目被列入南京市非物质文化遗产代表作名录。

四、伍子胥故事

图60　伍子胥

公元前528年左右，楚平王听信谗言，将大将伍奢全家300多口抄斩，唯独伍子胥（图60）幸免于难。伍子胥逃入吴国地界，在今高淳固城沙滩头村附近迷失方向，见一女子在河边浆纱，便上前问路。浣纱女得知伍子胥乃忠良之后，以浆纱米汤为其充饥，并为伍子胥指明通往吴国的道路。行走片刻，伍子胥回头一望，见浣纱女立在原地，心中起疑，便又折回身来。浣纱女知其心意，便转身跳入溪中，舍生取义。浣纱女舍身灭口的故事在南京高淳广为流传。伍子胥和浣沙女的故事，主要分布在高淳县固城及周边地区，具有鲜明的地域特征。高淳将该故事收编入《高淳民间故事集成》。2007年，伍子胥与浣沙女的故事被列入首批南京市非物质文化遗产代表作名录。

第二节　传统舞蹈

南京有国家级传统舞蹈类非物质文化遗产项目2项，分别是竹马（东坝大马灯）和 龙舞（骆山大龙），省级传统舞蹈类非物质文化遗产项目12项，包括手狮舞（江浦手狮、竹镇手狮舞）、麻雀蹦、傩舞（跳五猖）、龙吟车、高跷（沛桥高跷、竹镇高跷）、跳当当、柘塘打社火、龙舞（栖霞龙舞）、狮舞（铜山高台狮子舞）、龙舞（长芦抬龙）、竹马（湾北小马灯）、打罗汉等。此外，还有市级传统舞蹈类非物质文化遗产项目11项。

一、竹马（东坝大马灯）

竹马又称东坝大马灯，是南京高淳区著名的民俗活动，现今主要在高淳区东坝镇（图61）、固城镇两地流传。东坝大马灯是一项模仿战马造型的民间舞蹈，用竹制“马架”，外表用绒布制成“马皮”，并饰以马鞍、缰绳、铜铃等，形神兼备。一般由七匹“马”组成，表演时模仿真马动作奔跃。采取老、青、少三代人组合的表演形式：老者负责

图61　东坝戏台

指挥乐队并控制节奏，青年人担纲竹马表演，少儿们扮演《三国演义》故事中的人物。大马灯造型比一般马灯道具高大，每匹马由两名体壮灵活的年轻人组合表演，前一人扮马头，后一人扮马身，两人须协调配合、高度统一，方能将马的各种神情、动作表演得逼真传神。在鼓点的指挥下，配以民间器乐，马队交替布阵，最后按“天下太平”四字笔画走阵收场，整个场面非常壮观。2011年，东坝大马灯入选第三批国家级非物质文化遗产代表作名录。

二、龙舞（骆山大龙）

龙舞又称“骆山大龙”，流传于溧水孔镇骆山村一带。骆山大龙有四百多年历史，传说明万历年间，该村的杨培庵进士，避雨庙中，曾救过一条受到惩罚的小白龙。此时，龙尾已断，杨培庵心生怜悯，便将其携回家乡，安置于石臼湖中。从此，骆山村便有了舞龙的习俗。骆山大龙长近百米，体型庞大，因而有“江南第一大龙”的美誉。在舞龙打开并围起的场地中央，身着彩衣的儿童利用手中的云板，或跑阵式、或摆造型，形式多样，生动活泼。除舞龙和表演跳云的少年儿童以外，还有众多的辅助人员。2008年5月，《龙舞（骆山大龙）》被列入第二批国家级非物质文化遗产代表作名录。

第三节　传统技艺

南京共有国家级传统技艺类非物质文化遗产代表性项目4项，分别是南京云锦织造技艺、南京金箔锻制技艺、中国雕版印刷技艺（金陵刻经印刷技艺）、金银细工制作技艺，其中，南京云锦织造技艺、中国雕版印刷技艺（金陵刻经印刷技艺）已入选人类非遗代表作名录。省级传统技艺类非物质文化遗产代表性项目17项，包括天鹅绒织造技艺、绒花制作技艺、真金线制作技艺等。此外，还有市级传统技艺类非物质文化遗产代表性项目11项。

一、南京云锦木机妆花手工织造技艺

南京云锦发源于1500多年前的东晋、南朝时

图62　南京云锦木机妆花织造技艺

期，因其绚丽多姿、灿若云霞而得名。它历史悠久，技艺精湛，地方风格浓郁，为我国古代云锦、蜀锦、宋锦三大名锦之首，素有“中华一绝”的美誉。元代在南京设立了官办织造机构，明代设立了江宁织造局。《红楼梦》一书展现了各色云锦服饰，从中也可想见南京云锦在清代繁荣鼎盛的发展状况。南京云锦有“库缎”“织金”“织锦”“妆花”四大类品种。前三类已经可以用现代机器织造，惟“妆花”类产品，其木机妆花手工织造技艺（图62）尚不能被现代机器替代。2006年6月，南京云锦木机妆花手工织造技艺被国务院列入第一批国家级非物质文化遗产代表作名录。2009年9月30日，南京云锦木机妆花手工织造技艺被联合国教科文组织列入人类非物质文化遗产代表作名录。

二、金陵刻经印刷技艺

清同治五年（1866），我国近代佛教文化复兴奠基人杨仁山居士、妙空法师等创办了金陵刻经处，传承我国佛教文化及古代佛经、佛像木刻雕版印刷技艺。南京金陵刻经处保存了中国古代传统的木刻水印技艺。金陵刻经技艺（图63）有刻版、印刷及装订三项内容，包括写样、上样、雕刻等20余道工序，每道工序均留有传统口诀。2006年，金陵刻经印刷技艺被国务院列入第一批国家级非物质文化遗产代表作名录。雕板艺人马萌青被江苏省文化厅命名为第一批江苏省非物质文化遗产金陵刻经印刷技艺代表性传承人。2009年9月30日，中国雕版印刷（金陵刻经技艺）被联合国教科文组织列入人类非物质文化遗产代表作名录。

图63　金陵刻经印刷技艺

三、南京金箔锻制技艺

早在东吴或东晋时期，金箔即被用于佛像、神像贴金以及建筑业。清末，金陵金箔已行销全国各地。南京金箔业以葛仙翁为祖师，相传历史上今栖霞区龙潭一带是生产金箔的故乡。南京金箔生产

图64　南京金箔锻制技艺

工艺独特，技艺精湛。锻制过程系用真金经过倒条、下条、切箔等十几道工序捶炼而成。（图64）南京金箔色泽纯正，厚薄均匀，经久不变，其锻制技艺完整地保存了中国有着数千年历史的金箔生产技艺，具有较高的历史价值、文化价值和实用价值。2006年，南京金箔锻制技艺被国务院列入第一批国家级非物质文化遗产代表作名录。

四、金银细工制作技艺

南京宝庆银楼创建于清嘉庆年间，从事传统金银饰品（摆件）工艺已有约200年历史。光绪十二年（1886），宝庆银楼从浙江宁波迁址南京驴子市（今建康路），艺匠来自江、浙、沪一带。民国时期，“宝庆”工艺居南京众银楼之首。宝庆银楼手工金银摆件从工艺上继承和光大了古代江南金银制品特色，风格上又揉合了北派技艺，加上金银原料熔炼技艺超群，造型富有时代气息，因此形成了宝庆金银摆件工艺的特有风格和特征。2008年，南京宝庆银楼的金银细工制作技艺被列入国家第二批非物质文化遗产代表作名录。

五、绒花制作技艺

绒花工艺相传始于唐代，至明清，南京已有专业作坊。明清两代绒花生产盛极一时，南京城内三山街至长乐路一带曾被称为“花市大街”。20世纪三四十年代，南京绒花（图65）的制作业主要分布于城南门东、门西地区，以马巷、铜作坊、上浮桥等地段为多。绒花谐音“荣华”，寓有吉祥祝福之意，可以增添节日的欢乐气氛。因而，每逢“一事三节”（即婚嫁喜事和春节、端午、中秋），民间普遍有用绒花作装饰的习俗。南京绒花的题材多以花鸟鱼虫为主；色彩以大红、粉红为主，中绿为辅，以黄点缀，对比强烈，明快富丽；花型以中、小绒条为主，粗中有细，匀称和谐。2007年，绒花制作技艺被列入首批江苏省非物质文化遗产代表作名录。

图65　金陵绒花

六、天鹅绒织造技艺

天鹅绒是丝绒的一种，为南京传统丝织工艺品，其特点是丝绒表面有耸立或平排的紧密绒毛或绒圈，色泽鲜艳光亮，外观类似天鹅绒毛，因此而得名。南京天鹅绒织造技艺来自漳绒。明代，漳绒传到南京，经加工创新，发展成南京独有的雕花天鹅绒。雕花天鹅绒高贵典雅，彰显南京丝织艺人高超的艺术水平和精湛的织造技巧，是南京文化遗产的杰出代表。明清两代，雕花天鹅绒生产极盛。明代天鹅绒在文人士大夫中风行，一时间“金陵绒贵”，达官贵人无不攀比，以身穿雕花天鹅绒为荣。清朝时深受皇族喜爱，成为宫廷御用服饰用料，并且远销东南亚诸国。2007年，天鹅绒织造技艺被列入江苏省首批非物质文化遗产代表作名录。

第四节　传统美术

南京有国家级传统美术类非物质文化遗产代表性项目1项，即中国剪纸（南京剪纸）；省级传统美术类非物质文化遗产9项，分别是灯彩（秦淮灯彩）、十竹斋饾彩拱花技艺、象牙雕刻（南京仿古牙雕）、竹刻（金陵竹刻）、戏剧脸谱、木雕（南京仿古木雕、高淳木雕）、南京瓷刻、南京泥人、六合民间画等。此外，还有市级传统美术类非物质文化遗产代表作9项。

一、南京剪纸

明代初年，南京民间剪纸已十分流行。民国初

图66　百岁剪纸

始，武老太、马志宏、张吉根等先后到南京挂牌剪纸而成为近现代著名剪纸艺人。旧时南京剪纸（图66）的传统品种，主要有用于婚嫁喜庆的喜花、作刺绣花样的绣花和鞋花、装饰斗香烛的斗香花、挂在门楣上的门笺等。南京剪纸的风格与我国其他地区的剪纸有很大区别，它融北方剪纸的粗放和南方剪纸的细腻为一体，艺术形式非常优美，花中有花，题中有题，粗中有细，拙中见灵，在浓浓的乡土气息中，透露出强烈的装饰艺术效果，形成了独有的南京地域风格。2008年，南京剪纸被国务院列入第二批国家级非物质文化遗产代表作名录。

二、十竹斋饾彩拱花技艺

南京十竹斋的水印木刻是在继承传统的套印技术基础上发展起来的。雕版印刷经过五代、两宋时期的不断努力与改进，出现了套印的刊本。明万历、天启年间，出现了两色以至五色套印。明末著名书画家、刻书家胡正言，31岁时流寓南京，他继承了上述彩色印刷的传统，经与当时民间刻工的共同努力，把中国传统的绘画和水印版画的表现手法巧妙地结合起来，创就十竹斋水印木刻的“饾版”“拱花”技法。十竹斋水印木刻是中国千年版画史上彩色版画中最杰出的代表，“饾版”和“拱花”的发明，成为我国雕版水印复制成就的巅峰。“饾版”不仅是版画艺术表现手法上的大突破，也是印刷技术上的重大发明。“拱花”艺术更是把版画的表现力发展到一个空前高度，它完全离开了传统绘画复制的功能，进入创作版画的境界。2007年，十竹斋饾彩拱花技艺被列入首批江苏省非物质文化遗产代表作名录。

三、象牙雕刻（南京仿古牙雕）

仿古牙雕是南京市工艺美术三宝之一，也是全国四大著名牙雕之一。20世纪30年代起，南京郊区东山镇一些擅长雕刻的艺人在上海以从事象牙文物修复及象牙雕刻谋生。40年代末，部分牙雕艺人返回南京原籍。1957年，牙雕艺人孙遇祥、沈正明等7人发起成立了南京象牙雕刻社（后改名为“南京工艺雕刻试验工厂”）。1959年，聘请太平天国历史博物馆的文物复制和鉴定专家陈新民做指导，开始研究复制古代象牙雕刻，并取得成功，从此形成了以仿古作旧为主要特色的南京牙雕风格，丰富了我国牙雕艺术宝库的种类。在技艺上，南京仿古象牙雕刻融南北两派风格为一体，既有体现北派特色的圆雕人物作品，也有呈现南派特征的透雕、深浮雕和龙舟制品。1983年，该项工艺被国家定为部级保密项目。2007年，南京仿古牙雕被列入首批南京市非物质文化遗产代表作名录。

四、木雕（南京仿古木雕、高淳木雕）

南京木雕行业在明代中期已盛行。20世纪60年代初，南京市工艺美术公司所属南京工艺雕刻厂开始研制仿古木雕，主要以浮雕制品为主。之后又研制圆雕制品，如仿古青铜器皿、天鸡瓶、蹲狮、福禄寿三星等。后又仿制唐代动物，其中尤以仿三彩马最为著名，品种繁多，大小不一，千姿百态，极为生动。此外，佛教题材也占据主要地位，取材非常广泛，既具各个时代特征，又具南京仿古的特色。

南京仿古木雕以仿古为特色，在全国独树一帜，创造了仿古作旧的木雕制品，与牙雕一起形成南京独有的仿古雕刻体系。其品种多样，既有仿古器物，如仿青铜器等，也有人物类、花鸟类、走兽类木雕。艺术价值高，造型独特。2007年，南京仿古木雕被列入首批南京市非物质文化遗产代表作名录。

五、竹刻（金陵竹刻）

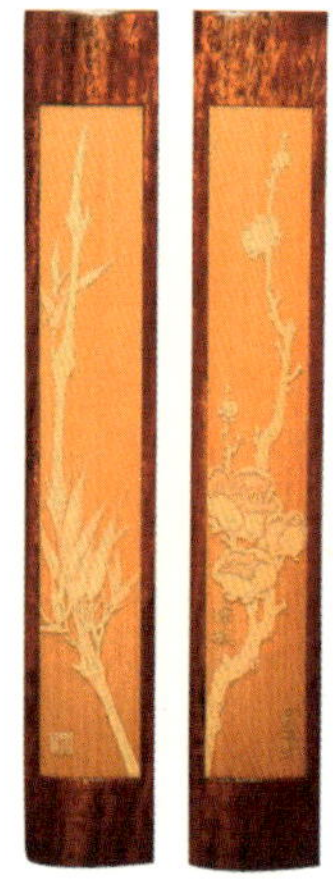
图67 梅竹镇纸

明代中期，金陵竹刻（图67）与嘉定竹刻齐名，为我国竹刻艺坛两大流派。明代正德年间（1506—1521）的金陵人李耀为金陵竹刻的先驱。万历年间（1573—1620），濮仲谦在吸收李耀扇骨雕刻技艺的基础上，创立以简、浅为特色的金陵竹刻流派。清乾隆时期，潘西凤又行创新，技艺更为精湛，题材、造型也比以前扩大。嘉庆、道光年间，方絜成为金陵竹刻的领军人物，他工诗文，善书画，精铁笔，尤擅竹刻，人称“方竹”。20世纪三四十年代，南京从事竹刻的艺人尚有五六十人，以张家秀技艺最为精湛。60年代初，赵德桢被南京工艺美术公司所属工艺美术研究所聘请，从事竹刻艺术创作和制作。2006年赵德桢去世后，其竹刻艺术由徒弟赵荣（孙女）、王彬等继承。2007年，金陵竹刻被列入首批南京市非物质文化遗产代表作名录。

第五节 音乐曲艺

南京共有国家级传统音乐类非物质文化遗产代

表性项目1项，即中国古琴艺术（金陵琴派）；省级音乐类非物质文化遗产代表性项目3项，分别是留左吹打乐、高淳民歌、六合民歌等；国家级曲艺类非物质文化遗产代表性项目1项，即南京白局；省级曲艺类非物质文化遗产代表性项目1项，即南京评话。此外，还有市级音乐类非物质文化遗产代表性项目3项。

一、古琴艺术（金陵琴派）

金陵琴派（图68）源自明末清初，是我国古琴界颇具代表性和影响力的重要流派。清末民初，黄勉之创办金陵琴社。王心葵、徐元白等人在1934年创立青溪琴社，活跃了当时南京的琴艺活动。1954年12月，南京乐社正式成立，其中的古琴组即后来俗称的“金陵琴社”。金陵琴派倡导通过“琴心合一”走向“天人合一”，达到一种高雅精致、清澄脱俗的音乐境界。在艺术表现形式和内容上，突出琴歌与琴曲并存，强调继往开来，反对一味雷同，竭力表现音乐的灵魄魅力。2006年，古琴艺术（金陵琴派）被列入第二批国家

图68　金陵琴派传承人桂世民

级非物质文化遗产代表作名录。2003年，古琴艺术入选联合国教科文组织第二批人类口头和非物质文化遗产代表作名录。

二、南京白局

南京白局（图69）是南京地区特有的古老曲种，是一种极具浓郁地方特色的说唱艺术。它产生于明末云锦织机房，是云锦工人闲暇生活中自娱自乐的说唱方式。白局说的是最正宗的城南老南京话，唱的是明清俗曲和江南民调，生动幽默，雅俗共赏。因为在过去白局表演时不取报酬，有“白唱一局”的说法，故而名为“南京白局”。白局表演内容涉及金陵美景、秦淮美食、历史传说、节庆民俗、方言俚语等南京人生活的方方面面，极具金陵地方特色，被誉为南京民间文化百科全书。2008年，南京白局被列为第二批国家级非物质文化遗产代表作名录。

图69　南京白局

第五章

习俗风味贯古今

在南京的历史发展过程中，南京居民世世代代生活在这一片土地上，用勤劳的双手耕耘着这方土地，“一方水土养一方人”，南京居民的民俗文化丰富多彩，隽永绵长。

第一节　庙会民俗

庙会是一种集宗教、集市、娱乐为一体的民俗活动，不但是古代文明的遗存，也是一种现代习俗的表现形式。自六朝以来，南京庙会持续繁盛。

一、秦淮灯会

秦淮灯会（图70）是历代南京民众延续和传承民俗文化的重要载体。它发端于魏晋南北朝时期，在唐代迅速发展，至明代达到鼎盛。自明初洪武帝

图70　秦淮灯会

朱元璋在南京倡导元宵灯节活动以后，南京就逐渐开始享有“秦淮灯火（彩）甲天下”之美誉了，秦淮河悬挂花灯的画舫（俗称“灯船”）也随之蜚声天下。

历史上的秦淮灯会主要分布在南京秦淮河流域。20世纪以后主要集中在夫子庙地区。目前已经扩展至“十里秦淮”东侧五里地段，核心区域包括夫子庙、瞻园、白鹭洲公园、王谢故居、吴敬梓故居、江南贡院陈列馆、中华门瓮城展览馆，以及中华路、平江府路、瞻园路、琵琶路一带。2006年，《秦淮灯会》被列入第一批国家级非物质文化遗产代表作名录。

二、泰山庙会

泰山庙会又称“三二八庙会”，其历史源远流长。据方志记载，早在明洪武时期就已形成庙会，其盛况堪称南京江北之最。泰山庙会是南京浦口地区民间文化背景和特有地域环境下的历史积淀，是在与释、道文化长期渗透交融中所形成的独具特色的民俗文化现象，为南京江北乃至周边地区重要的综合性民俗文化及商贸活动。

每逢泰山庙会期间，民众踊跃参与，尤其在“三二八”正期这天，呈现万人空巷的壮观景象。“出会巡街”“烧香礼拜”等各式民间文艺表演活动，是泰山庙会的主要载体。从明清到民国，直至20世纪40年代末，经久不衰，展现了综合性民俗文化的魅力。新中国建立后，“出会巡街”虽被废止，取而代之的物资交流成为泰山庙会的重要载体，为之注入了新的生命力。

三、妈祖庙会

南京妈祖庙会自明代迄今，时兴时衰，绵延不绝。妈祖庙会主要集中在每年春季农历三月二十三日妈祖诞辰日前后，是流传于南京地区的重要民俗文化活动。

南京及周边地区民间流传着“三月二十三，乌龟爬下关”的谚语。每年农历三月二十三日前后，民众齐集于下关，祭祀天妃，祈求平安，逐步演变为集文化商贸活动于一体的庙会。1899年后，南京对外开埠，妈祖庙会繁盛一时。后因战乱，庙会时断时续。庙会期间要进行隆重的祭拜妈祖活动，主要内容有：妈祖庙谒祖进香、祈福三献礼大典、行迎神礼、行初献礼、行亚献礼、行终献礼、行送神礼等。

四、南京祠山庙会

南京祠山庙会起源于明初，朱元璋当上皇帝后，下令在江南建360座祠山大帝庙，各庙轮流祭祀，溧水区蒲塘桥祠山大帝庙为其中之一。至明末清初，庙会活动已在当地具有很大影响。相传，每年农历三月二十六日为祠山大帝寿诞，按惯例，当地百姓要举行传统庙会活动，以求一方平安，风调雨顺，五谷丰登。

南京祠山庙会是一种群众性的民间文化活动，除了踩高跷、抛叉需要一定的表演技巧以外，更多的则是挑夫、马夫、烧香者，这些都毋需表演，只要随队伍出行即可，因此具有广泛的群众性和参与性。在出会过程中，行经之地的各家各户都要摆设香案，恭迎菩萨。晚上还要看大戏。周边村镇的人们也会选择此时走亲访友，烧香拜神，观看大戏。届时，蒲塘老街会达到上万人，十分热闹。

五、蒋王庙庙会

蒋王庙庙会是由祭祀蒋子文的活动而衍生出的民间庙会，是当地人民在长期生活中形成的以歌舞、祭祀活动及商品交流活动为表现形式的民间文化活动，包含着历史、宗教、民俗、商贸等诸多文化内容。

六朝时期，在今天南京及其附近地区民间广泛盛行一种巫觋鬼神信仰，纪念蒋子文。据清代《同治上江两县志》载，“蒋祠有玉涧祠，祀蒋帝，帝即后汉蒋子文也，常自谓骨青死当为神，吴大帝为立庙于钟山，封为蒋侯，在六朝时祷焉若有神，齐永明中封以帝号，南唐追谥庄武帝，有庙碑。”每年农历四月十五，周围群众在蒋王庙街举行大型庙会。庙会期间恰逢农闲，许多赶庙会者常借此购买农具及农副产品，四乡八邻都来赶集，热闹非凡，好似过年一样。蒋王庙庙会是南京历史上的四大庙会之一。

六、薛城花台会

薛城花台会始兴于清康熙年间（1662—1722）。花台会习俗一直延续至今，已有300多年历史。举办花台会，首先要用木料搭建临时花台。花台占地约210平方米，台面宽13米，进深16米，台沿口围有半米多高的栏杆，悬挂各种戏剧人物彩图，中间塑有福、禄、寿三星泥像；台中所立四柱为浮雕金花盘绕；台顶是一幅幅彩画排吊；台口上方用纸扎镂空彩屏拼联，绘有“双龙戏珠”“十二月花神”等图案，称“五彩架”。花台会于农历三月十八日开始，为期三至五天。届时还举办土特产物资交流会和其他民俗文化活动。

薛城花台是以金銮殿的模型绘制成图，犹如缩小的宫殿，制作精美，花团锦簇，金碧辉煌，极具观赏性。而且，花台的制作浓缩了传统戏剧内容，体现了中华民族忠孝节义的美德及天地人和的理念。花台会期间，村民聘请剧团唱戏三至五天，一时观众云集。当地村民家家接待亲友，处处充满喜庆气氛。

第二节　时节习俗

岁时节日民俗指的是在一年之中的某个相对阶段或特定的日子，在人们生活中形成的具有纪念意义或民俗意义的社会性活动，并由此所传承下来的各种民俗事项。南京的岁时节日民俗有着鲜明的特征，重要的岁时节日民俗有金陵灯节、立夏尝三鲜幕府登高和方巷人走北等。

一、金陵灯节

六朝时，金陵在正月里就有放灯活动。唐朝时，金陵放灯的时间是三天，宋朝为五天。到了明朝，由于明太祖朱元璋的提倡，将放灯时间延为十天。其中正月初八为上灯，正月十五为元宵，正月十八为落灯，是我国历史上最长的灯节。上灯亦称“拜灯”，因上灯时有祀祖先、拜长者的活动，故名。明代南京的花灯，有纱帛、楮练、料丝、羊皮、鱼皮诸品。其形式有沿街串游的滚灯、猜谜用的弹壁灯。近代以后，南京市民多爬到水西门到中华门一段的城墙上“走百病”。吃罢早饭，人们不约而同地都往城墙上跑。辛亥革命后，此风更甚。抗战前数年，由于逐渐出现公园，加以城墙年久失修，爬城头之俗渐弱。

二、四月八日食乌饭

乌饭是青精饭的俗称，是以青精树茎叶捣烂滤汁泡糯米，晾干蒸煮而成。古时做法复杂，经“九浸九蒸九晒”，米粒紧缩，碧如坚珠。这在清江宁府所属各县颇为流行。溧阳、溧水人们还用乌饭酿酒。清代著名文学家袁枚于乾隆三十一年（1766）曾在溧水叶比部家饮乌饭酒。溧水人家凡生女孩，必造乌饭酒一坛，一直保留至女孩长大出嫁之日开饮，开时，仅有半瓮，质能胶口，香溢室外。

三、立夏尝三新

“三新”，指樱桃、青梅、鲥鱼。昔日南京人于立夏尝之，谓“尝三新”。樱桃一名含桃，能调中益脾，美人面颜，有朱樱、紫樱之分。康熙四十四年（1705），康熙皇帝第五次南巡抵达江宁时，江宁织造曹寅当夜进贡康熙的就是玄武湖樱州产的时令佳品樱桃。青梅，即梅之未成熟者，色青故名。味酸而脆，可蜜煎糖藏，以当果丁。鲥鱼，明清两朝一直作为贡品，曹寅曾兼任过监督运送鲥鱼去北京皇宫的贡使。

四、啃秋、老郎会

在立秋的前一天，南京人要吃西瓜，谓之“啃秋”。农历六月十一日的老郎会是南京过去盛大的庙会之一，地点在淮清桥下钓鱼巷内的老郎庙。钓鱼巷是南京著名的花街柳巷，巷内老郎庙祭祀娼妓业祖师爷老郎神，即春秋战国时期的贤相管仲。

五、石观音香汛与鸡鸣寺香会

农历六月十九日的石观音香汛是南京过去最盛大的庙会之一，石观音庙在武定门侧。观音像是石刻，像前有一古井。相传井中有蛟，为害乡里，后来观音化身前来收伏，锁于井中，里人因刻观音像以纪念。据说此井极深，投以铜币，良久始闻回响。鸡鸣寺香会也在六月十九日，寺内供奉观音。相传这一天是观音的诞辰。此日香火颇盛，摆摊卖香烛的摊贩绵延数里，可见赶会之盛。

六、重阳节幕府登高

幕府登高习俗是历史上流传于南京地区的重要民俗文化活动，主要集中在每年的农历九月初九。

幕府登高习俗是一种民间信仰风俗习惯，具有独特的文化背景和文化内涵，已成为南京独具特色的民俗文化现象。

“幕府登高”活动缘起于东晋，鼎盛于明清。当时，每逢重阳节，人们便结伴来到幕府山登山祈福。人们在幕府山北侧沿江漫步，仰望山上，随处可见玲珑剔透的岩溶奇观，点缀于洞壑峭壁之间的苍松绿草，显示出蓬勃向上的生命力。在朝暮时分远眺长江，霞光浸染，江水如练，船帆东来西往，令观者顿生感叹之情。

第三节　民间游艺

在丰富的生产、生活实践中，南京人民创造了抖空竹、赛龙舟等具有特色的民间游艺活动。

一、抖空竹

南京长期以来就是抖空竹（图71）技艺发展具有代表性的地区之一。明代以后，抖空竹活动在北京、南京地区尤为盛行，它既是一项百姓健身娱乐活动，又是新春时期民间社火的重要组成元素之一。清代以来，抖空竹已从起初的民间游戏，逐渐发展为技巧多端的杂技节目。现代抖空竹竞技形式丰富多彩，技艺难度水准和空竹制作水平不断提升。改革开放以来，抖空竹发展迅速，南京市空竹协会仅注册会员就逾600人。抖空竹活动具有良好的娱乐观赏价值，在表演时与优美的舞姿和动听的伴奏音乐融为一体，更增添了人们的审美情趣。

图71　抖空竹

二、牛首山踏春

牛首山（图72）踏春习俗始于东晋，盛行于唐代，传承至今。到牛首山踏春的人群主要以南京地区的市民和牛首山周边群众为主，全国各地及海外友人也有慕名而来的。牛首山踏春是南京地区古老的民间习俗，每年春季慕名前往踏青的游人如梭，牛首山遂成为享有盛

图72　牛首山

名的旅游胜地，被誉为“春牛首”，与“秋栖霞”齐名。牛首山踏春习俗是集郊游、拜佛、揽胜、休闲为一体的民间慕春赏春文化休闲活动。到牛首山踏青的民众登山赏景，尽享满山春色，饱览名胜古迹，膜拜古寺名刹，既陶冶情操，又传承和弘扬了传统文化。

三、秋游栖霞

南京有“春牛首，秋仙霞”之谚，栖霞山是南京人秋游的首选。栖霞山（图73）四季如画，令人陶醉。“栖霞丹枫”历来为金陵胜景之一。大约在明中期，摄山被列入明代画家文伯仁（1502—1575）所绘的《金陵十八景册》中。此后，栖霞胜境、栖霞佛岭均入选金陵四十八景。乾隆皇帝“第一金陵明秀山”的赞美，更使栖霞名扬天下。1983年，“栖霞丹枫”被列为“新金陵四十景”之一。1986年，栖霞山新建了“霜

图73　栖霞山

红苑”，栽培了红枫、羽毛枫、赤枫、三角枫、鸡爪枫等红叶树种，栖霞红叶更吸引了无数游人。

四、雨花石鉴赏

图74　雨花石

雨花石（图74）是南京地区特有的观赏石，也是南京的标志性物产之一。雨花石玉质天章，色彩绚丽，小巧玲珑，纹理奇妙，图案丰富，包罗万象，是南京的名片。雨花石的产地主要分布于秦淮河、滁河入江口附近的六合、浦口、江宁、雨花台、西善桥等处，尤以“五色文石”品质最佳。有史可考的赏石风俗从宋代就已开始。明代时掀起了中国历史上第一次雨花石收藏热。

五、南京赏梅

中国是梅花的故乡。南京植梅、赏梅之风一直延续，遂成习俗。南京植梅盛于南朝，赏梅之风历代相沿。据史书记载，城北钟山脚下梅花坞、城南梅岭岗均为植梅、赏梅之佳地。北宋王安石时居今南京钟山南麓半山园，题有《梅花》诗一首：“墙角数枝梅，凌寒独自开。遥知不是雪，为有暗香来。”1982年，南京确定梅花为市花。1995年，南京设立梅花节，每年2、3月份举行。

位于钟山脚下的梅花山（图75）是南京地区一处重要的观梅、赏梅“文化空间”。梅花山面积约102公顷，依山栽植梅花3万余株，品种有220多个，有“天下第一梅山”之称。梅花山上建有“观梅轩”，登轩观梅，漫山遍野的梅花尽收眼底，令人心旷神怡。

图75　梅花山

六、画梅花妆

南朝时南京女子即有“贴黄花”的妆法，即在眉宇间贴一腊梅瓣，或取梅花花蕊粉涂饰额头。《木兰诗》：“当窗理云鬓，对镜贴花黄。”据传此妆法始于南朝宋武帝刘裕的女儿寿阳公主。后来传到民间，人称“梅花妆”，简称“梅妆”，亦称“寿阳妆”。此法到唐代仍在流行，李商隐《对雪》诗：“侵月可能争桂魄，思寒应欲试梅妆。”

七、放风筝

南京人喜欢放风筝（图76），放风筝也已成为一种很普遍的竞技运动。《金陵岁时记》记载："吾乡每岁届清明节，放风筝者麇集南京城外之雨花台……"民国时期，曾多次举办风筝比赛，促进了放风筝活动的开展。民国十七年（1928）清明节，民国政府行政院派员在雨花台举办南京风筝比赛，有近百只风筝参加。新中国成立后，在夫子庙、中华门、玄武门一带还居住着许多风筝世家。江南风筝在继承传统风筝种类的基础上又有所创新。改革开放以后，南京人放风筝的传统得到了进一步弘扬。南京市政府经常举办风筝表演赛活动。如今，每逢清明时节，南京城内的明故宫遗址公园、月牙湖公园、白马公园、中华门城堡、雨花台

图76　放风筝

公园以及近郊远野，到处可见风筝高翔蓝天。

八、赛龙舟

南京地区龙舟竞渡盛行于明清两代。明《正德江宁县志》载："好事者买舟载酒戏游，谚云游舡，此俗近年最盛。"南京地区龙舟竞渡的时间和类型各异，有金陵龙舟和高淳龙舟之别。金陵龙舟主要活跃于秦淮河，明人《南都繁会景物图卷》就绘有《龙舟竞渡》场景。《金陵岁时记》亦云："龙舟竞渡……秦淮河一带，观者如蚁。"高淳的竞龙舟因农历五月初五正值农忙，而改为六月初六举行，历时三日方止。因此，高淳龙舟又称"六六龙舟"。高淳龙船有"武龙舟"和"文龙舟"两种。"武龙舟"以竞渡为特点，"文龙舟"以游玩为特点。"文龙舟"活跃在东坝、固城两乡。高淳的龙舟活动，一直延续到20世纪60年代，此后未再开竞。近几年"文龙舟"在东坝等地有所复兴，"武龙舟"却已少见。

九、斗草

南京有斗草之俗（图77）。此俗最早见于史载的是梁朝人宗懔的《荆楚岁时记》的记载："五月五日，谓之浴兰节，四民并踏百草。今人又有斗百草之戏。"此后，斗草之戏在民间盛行开来。不少文人墨客留下的著名诗句中对民间斗草作了生动形

图77　斗草雕塑

象的描述。南京斗草有“武斗”与“文斗”两种玩法。“武斗”即比较草的韧性和双方的力道，这种玩法较为简单，流行于孩童之间。斗草时，比赛双方各自选择茎柄粗壮的草，然后每人两手各持叶柄的一端，使双方手中的茎柄两两勾住，用力一拉，谁的叶柄被拉断，谁就输了。现存故宫博物院的清代画家金廷标的《群婴斗草图》，描绘的就是这种玩法。“文斗”，即一种花草知识和骈偶对仗的高雅游戏形式。斗时要求对仗，多为文人墨客、大家闺秀所玩。如今，斗草这种亲近自然的游戏已成为历史的记忆。

第四节　金陵风味

“民以食为天”，饮食是社会生活的重要方面。人口迁徙和南京城市的发展，使得南京饮食“海纳百川”，同时南京饮食又不乏南京特色。

一、南京板鸭、盐水鸭

南京板鸭，又称“官礼板鸭”（因官员选其做互赠礼品之用而得名）和“贡鸭”（选做礼品进贡皇室而得名），素有“北烤鸭南板鸭”之美名，是南京地区一道传统名菜，用盐卤腌制风干而成，分“腊板鸭”和“春板鸭”两种。因其肉质细嫩紧密，像一块板似的，故名“板鸭”。

南京向以鸭肴驰誉海内，故历来被冠以"鸭都"美称。作为江苏三宝之一的南京板鸭驰名中外，制作技术已有600多年的历史，为金陵人爱吃的菜肴，因而有“六朝风味”“百门佳品”之美誉。明清时期，南京流传有“古书院（南京国子监），琉璃塔（大报恩寺塔），玄色缎子（南京云锦），咸板鸭”的民谣，可见南京板鸭早就声誉蜚然了。清宣统二年（1910），南京板鸭在第一届南洋创业会上荣获一等奖。

由于传统南京板鸭开始没有煮制工艺，食用不便，经板鸭制作艺人不断摸索实践，衍生出了盐水鸭等产品。《白门食谱》载：“金陵八月时期，盐水鸭最著名，人人以为肉内有桂花香也。”故又名“桂花鸭”。

二、秦淮小吃

秦淮风味小吃（图78）是对南京地区在长期的生活实践中逐步发展形成的、具有一定品位规格的风味小吃的统称。

图78　秦淮小吃

自东吴建都南京以来，南京就有以炒米为点心的现象。《昭明太子传》记载："京师穀贵，太子因命菲衣减膳，改常馔为小食。"清代袁枚《随园食单》中记载，南京一带仅点心就有50多种。清末以后，秦淮风味小吃以各色包子、烧饼和干丝为三大宗，经营生意兴隆。秦淮小吃在《红楼梦》《儒林外史》等文学作品中就有不少描述。

1986年，秦淮风味小吃研究会研究开发出了"秦淮八绝"风味小吃，受到社会各界的欢迎。如今秦淮风味小吃已跻身中国"四大小吃"之列。

三、龙袍蟹黄汤包

蟹黄汤包是六合区龙袍镇的美食一绝，源于清朝乾隆年间，称为“乾隆汤包”。清朝末年，划子口街道的陶戟师傅创办“太平春饭馆”，继承了乾隆汤包传统技艺，并对包馅进行再加工，佐以多种配料，使汤包味道更佳，并更名为“蟹黄汤包”开展经营。2004年，在南京市餐饮商会的支持下，成立了由24家汤包店组成的“南京餐饮商会龙袍蟹黄汤包分会”，从而使得龙袍蟹黄汤包业做大做强，盛况空前，享誉海内外。

龙袍蟹黄汤包以其皮薄、卤多、馅嫩、形美、味鲜、肥而不腻出名，选料讲究，配料独特，工艺精湛。龙袍蟹黄汤包的制作工艺精细复杂，从螃蟹的选择、蒸煮到熬制蟹黄油与皮汤并做成皮冻，再从包子皮的擀制到包馅配料的精选，直到汤包捏制成功，共有33道工序。成品小巧玲珑，底部呈圆形，上面有33道匀细的褶纹，其味鲜美无比，令人回味无穷。

四、京苏大菜

京苏大菜，即南京菜，又称“金陵菜”，系江苏菜系四大地方菜之一。据史料记载，约在清朝时，南京就已经出现京苏大菜。所谓“京”，是指南京乃六朝和明初的京都；“苏”是指清代南京乃江苏省会之意。“大菜”是形容南京菜的名贵、典雅、华美、大方。

大江南北丰盛的物产，水陆交通商贸的交流，人文荟萃的文化熏陶，孕育了南京的美食文化。战国时期，屈原就在《楚辞》中大量记载吴楚肴馔的特色，有牛筋、叉烧羔羊等；江南才子袁枚，以京苏大菜为原型撰写了一部烹饪巨著——《随园食单》；曹雪芹更以《红楼梦》巨著中名菜佳宴的实录为京苏大菜鼎立于全国提供了雄辩的依据。

五、六合牛脯

六合牛脯，古称“盆牛腐”，是六合回民的传统清真食品，始于隋唐，盛于明清，为清朝宫廷之贡品。六合牛脯已有140多年历史。

六合牛脯具有红褐光润、酥香鲜透、色味俱佳、油而不腻、营养丰富的特点，有增进食欲、强身壮体、延年益寿等功效。酥：筷子一夹就散，入口稍嚼即化；香：配料、烹调讲究，香气扑鼻；鲜：不用味精，却味鲜爽口；透：用文火焖煮，表里成色一致，透而不烂，食之咸而甜、甜而鲜、鲜而香，回味无穷。1915年，六合盆牛脯荣获巴拿马食品国际金奖。新中国建立后，多次荣获江苏省和国家食品特色奖和特优银奖。

六、雨花茶

南京雨花茶（图79）属于绿茶类，主要产于南京市的中山陵、雨花台一带的风景园林名胜处，以及市郊的江宁、高淳、溧水、六合一带，创制于20世纪50年代末。因其形似松针，翠绿挺拔，寓意中华革命英烈忠贞不屈、万古长青，品饮此茶常会使人饮茶思源，怀念革命先烈，意义深远。

图79　雨花茶

第六章

虎踞龙蟠今胜昔

“虎踞龙盘今胜昔，天翻地覆慨而慷”。1949年4月23日，南京解放。从此，南京城市建设步入了一个新时期，行政区划几经变化。1949年，南京市为中央人民政府直辖市。1952年，南京市为江苏省会城市、省辖市。1995年，南京市明确为副省级市，现辖11区。南京城建可分为两个历史阶段，1949年至1978年为南京城市建设“拓展改造期”，闻名遐迩的南京长江大桥在此期间建成。改革开放后，南京城市建设进入快速发展的新时期，荣获了中国首批历史文化名城、全国文明城市、全国卫生城市、国家园林城市、联合国人居特别荣誉奖等荣誉称号。

第一节　山水藏文

南京具有“襟江带湖、山水相依、龙盘虎踞”的地形特色，丰厚的历史文化资源，融合山、水、城、林于一体，南京名城建设翻开了光辉篇章。

一、钟山风景区

钟山古称“金陵山”，东吴时称“蒋山”，东晋称“紫金山”，南朝时又称“北山”，共有三座东西并列的山峰。钟山屹立于城东郊，是宁镇山脉支脉的主峰，自古被誉为“江南四大名山”之一，有“钟山龙蟠”之美誉。钟山东西长7千米，南北最宽处4千米，周围绵延10余千米。钟山风景区是我国的著名风景名胜区，主要景区有：中山陵景区、明孝陵景区、梅花山、灵谷寺景区、中山植物园、紫金山天文台等，其间掩映着两百多处名胜古迹，其中省级以上的文物保护单位31处，全国重点文物保护单位16处，世界文化遗产1处。

中山陵　原名“总理陵园”，是伟大的革命先行者孙中山的陵墓，由建筑师吕彦直设计。中山陵

图80　中山陵全景

（图80）依山而筑，坐北朝南，西邻明孝陵，东毗灵谷寺，岗峦前列，屏障后峙，气势磅礴，雄伟壮观。伟大的革命先行者孙中山先生的灵柩于1929年6月1日奉安于此。墓地全局呈“自由钟”形图案，其中祭堂为仿宫殿式的建筑，建有三道拱门，门楣上刻有“民族，民权，民生”横额。

明孝陵　位于中山陵以西，是明代开国皇帝朱元璋与皇后马氏的陵墓，2003年7月，作为“中国明清皇家陵寝”的扩展项目列入世界文化遗产名录，成为古都南京第一处“世界文化遗产”。明孝陵1376年开始筹建，至1413年竣工，虽历经600多年沧桑，但主体建筑犹存，历史风貌依然。

梅花山　位于南京市中山门外钟山南麓，因山上多红梅而得名。梅花山旧名“孙陵岗”，亦名“吴王坟”，因东吴大帝孙权葬在这里而得名，1946年正式命名为梅花山。1944年，汪伪政府将汪精卫的墓地安置在梅花山，1946年国民党政府将汪坟炸毁，并在墓地建了一座“观梅轩”。目前梅花山总面积达1533亩，有梅花品种350余种，是国内唯一一处位于世界文化遗产景区内的赏梅胜地。

灵谷寺　景区内汇集了六朝时期名僧宝志（即济公和尚原型）的墓塔，及我国时代最早、规模最大的拱券结构建筑——明代无梁殿等众多名胜古迹。内有大仁大义牌坊、松风阁、灵谷塔（图81）等一批民国建筑精品。

图81　灵谷寺塔

中山植物园　创建于1929年，前身为“中山先生纪念植物园”（图82），是我国第一座国立植物园。植物园占地186公顷，现保存植物7000余种，拥有馆藏植物标本70余万份，园内不乏珍奇特、新特优的物种，如国家一级保护植物——珙桐（鸽子

图82　中山植物园

树）、台湾杉等。

紫金山天文台 成立于1934年9月，前身是1928年2月成立的国立中央研究院天文研究所，1950年5月20日更名为中国科学院紫金山天文台（图83）。紫金山天文台是我国自己建立的第一个现代天文学研究机构，被誉为“中国现代天文学的摇篮”。

图83 紫金山天文台

二、栖霞山风景区

栖霞山位于南京市栖霞区，又名摄山，被誉为“金陵第一明秀山”，南朝时山中建有“栖霞精舍”，因此得名。栖霞山由三山二涧组成，山体主要由石灰岩、沙岩等组成，地质学上的“栖霞灰岩”便源于此。栖霞山的红叶品种多达十余种，其中百年以上的枫树达500余株，各类色叶树50余万株。

栖霞山素有“六朝胜迹”之称，在清代被列为“金陵四十八景”之一，有“一座栖霞山，半部金陵史”的美誉。历史上曾有五王十四帝登临栖霞山，其中乾隆皇帝六下江南，五次驻跸栖霞山。栖霞山有历史古迹遗址80多处，荟萃了宗教文化、帝王文化、地质文化、石刻文化等。

千年古刹、佛学“三论宗”祖庭、佛教“四大丛林”之一的古栖霞寺座落在栖霞山西麓。栖霞寺为南朝古刹，初称“栖霞精舍”，法度将院改建为寺，并命名为“栖霞寺”。梁大同中（535—546），齐文惠太子与诸王又建大小诸佛像于千佛岩。栖霞寺舍利塔为南唐遗物，是长江以南最古石塔之一，是中国最大的舍利塔。舍利塔东有大佛阁，又称“三圣殿”，供无量寿佛，为南齐时代开凿。唐代鉴真和尚第五次东渡日本未成，归途曾驻锡于此。1963年，为纪念鉴真和尚圆寂1200周年，日本佛教界以鉴真和尚雕像斋送我国，奉安于栖霞寺。2010年，中国佛教界在栖霞寺为长眠于地下1400余年的佛顶骨舍利举行了盛世重光大典。

三、牛首山文化旅游区

牛首山又名“天阙山”，是金陵四大名胜之一，因山顶东西双峰形似牛头双角而得名。牛首山风光秀美，素有“春牛首”之美誉，古有牛首烟岚、献花清兴、祖堂振锡等金陵美景，山周围有感应泉、虎跑泉、白龟池、兜率岩、文殊洞、辟支洞、含虚阁、地涌泉、饮马池等自然景观。

图84 郑和墓

牛首山文化底蕴深厚，吸引无数帝王将相、文人墨客在此修身养性、品茗作赋，留下诗词400余首。现今还遗存了岳飞抗金故垒、摩崖石刻、弘觉寺塔、郑和墓（图84）等诸多历史古迹。全国重点文物保护单位南唐二陵位于牛首山南麓。

牛首山是中国佛教名山，佛教牛头禅宗的开教处和发祥地。自梁代至明代的千余年间，一直是僧人咸集、群贤毕至之处。2015年10月27日，释迦牟尼佛顶骨舍利迎请供奉至牛首山佛顶宫内，牛首山文化旅游区正式开园。主要景点：佛顶宫、佛顶塔、佛顶寺、牛头禅文化园、郑和文化园、岳飞抗金故垒、隐龙湖、禅林路景观区等。

四、夫子庙秦淮河风光带

夫子庙　位于秦淮河北岸的贡院街旁，始建于公元1034年，由东晋学宫扩建而成，后世历代均进

图85　夫子庙

行过修葺和扩建。夫子庙（图85）为中国四大文庙之一，是供奉和祭祀孔子的地方。夫子庙不仅是明清时期南京的文教中心，同时也是居东南各省之冠的文教建筑群，被誉为秦淮名胜。夫子庙以秦淮河为泮池，拥有全国最大的照壁，全长110米，高20米。北岸庙前有聚星亭、思乐亭；中轴线上建有棂星门、大成门、大成殿、明德堂、尊经阁等建筑；另外庙东还有魁星阁。

大成殿　位于大成门的北面，是祭祀孔子的正殿，始建于北宋景祐元年（1034）。殿内基座上有孔子青铜像一尊，高4.18米，重2.5吨。大成殿（图86）内四周墙壁镶嵌有《孔子圣迹图》，壁画采用玉石、鸡血冻、寿山石、翡翠及黄金、螺钿等名品饰件以浮雕镶嵌造型，共38幅，有408位人物，表述了孔子“万世师表”的形象，是南京夫子庙“镇庙之宝”之一。庙院被两庑碑廊环抱，墙上镶有赵

图86　大成殿

朴初、林散之、沈鹏、武中奇等著名书法家撰写的墨宝真迹碑刻。

南京中国科举博物馆（江南贡院历史陈列馆） 位于夫子庙秦淮风光带东侧。南京中国科举博物馆（图87）以江南贡院历史遗迹为基础，在修缮保护明远楼和飞虹桥等历史遗存的前提下扩建而成，是一座系统反映中国古代科举制度与科举文化的专题博物馆，主要由明远楼遗址区、地下博物馆区和南苑民俗区三大区域组成，是中国唯一一家地下式博物馆。

图87　科举博物馆

瞻园（太平天国历史博物馆）　位于南京市瞻园路208号，又称太平天国历史博物馆，是南京现存历史最久的一座园林，有"金陵第一园"的美誉，与无锡寄畅园、苏州拙政园和留园并称为"江南四大名园"。瞻园（图88）始建于明初，是中山王徐达的府邸花园西圃。清代乾隆皇帝南巡时，曾驻跸此园，并御题"瞻园"二字。太平天国时，瞻园先后为东王杨秀清府、夏官副丞相赖汉英衙署和幼西王萧友和府，现仍留存有石矶及紫藤。该馆是国家设立的唯一一个太平天国史专题博物馆，现已收集到太平天国文物1600余件，其中一级文物600余件。

图88　瞻园

中华门瓮城　外临长干桥，是明应天府十三座城门中规模最大、最为壮观的一座城门。（图89）中华门原名聚宝门，又称瓮城，1931年改称中华门。城堡分为三层，最上层的木结构"镝楼"毁于1937年12月侵华日军进攻南京时的炮火，东、西两边马道直达城头，整个城共有二十七个藏兵洞，可以藏兵三千、藏粮万担。“藏兵洞”是我国古城堡中独特的建筑，在古代战争中对物资的储备和兵源的设伏具有十分重要的作用。

图89　中华门

白鹭洲公园　位于南京城东南隅，内秦淮河与南京城墙之间。白鹭洲公园（图90）是明朝开国元勋中山王徐达的东园，又称徐太傅园或徐中山园。

图90　白鹭洲公园

该园是徐氏后裔与王世贞、吴承恩等许多著名文人诗酒欢会的雅集之所。明武宗南巡时，曾慕名到该园赏景钓鱼。1929年辟为公园。

李香君故居陈列馆　位于夫子庙来燕桥南端，钞库街38号，1989年建成。该馆坐南朝北，三进两院，背依秦淮河，青砖小瓦、马头墙、回廊挂落、花格窗，为典型的江南民居风格。馆内设有轿厅、资料厅、媚香楼故居展览、茶文化及扇文化展厅、书画陈列室、河厅、古水门等。因媚香楼是昆剧“桃花扇”故事的主要场景，又是李香君生活的地方，因此这里与昆剧有着特别的关联。

大报恩寺遗址公园　位于南京城南中华门外古长干里，得名于明代兴建的皇家寺院——大报恩寺。（图91）其前身为东吴赤乌年间（238—250）建造的建初寺，是继洛阳白马寺之后中国的第二座寺庙，也是中国南方建立的第一座佛寺。梁时

图91　大报恩寺遗址公园

大加兴建，号为阿育王寺。明代大报恩寺琉璃塔建在宋代长干寺“圣感舍利宝塔”旧址上。大报恩寺建有著名的琉璃塔，被誉为“世界中古七大奇迹”，太平天国时期毁于战火。2008年，从大报恩寺前身的长干寺地宫出土了震惊世界和佛教界的世界唯一一枚“佛顶真骨”以及“七宝阿育王塔”等一大批世界级文物与圣物。2015年底，大报恩寺遗址公园正式开放。

五、玄武湖风景区

玄武湖公园　位于南京城东北，紫金山西麓，为钟山风景区的重要组成部分，国家AAAA

图92　玄武湖生态

级旅游区，名胜古迹荟萃。玄武湖（图92）古名桑泊，自三国东吴引水入城起，直至刘宋，有过“练湖”“蒋陵湖”等名称，宋文帝时改名“玄武湖”。南朝时期，玄武湖有过上林苑、华林苑、乐游苑等皇家园林。宋代因泄湖得田，玄武湖消失了200多年。明洪武初年，是贮存全国人口、田亩档案（时称“黄册”）的“黄册库”所在地，民众禁止入内。1909年，玄武湖被开辟为对社会开放的公园。玄武湖五洲之间，桥堤相通，风光有异，各具其胜，形成了“环洲烟雨”“樱洲花海”“菱洲山岚”“梁洲秋菊”“翠洲云树”等不同景色。2010年10月1日起免费开放，游人如织。

九华山公园 位于城东北。九华山是钟山余脉西走入城的第一山丘，北隔明城墙，毗邻玄武湖，临湖一侧陡峻如削，像一只倾覆的行船，古称覆舟山。山巅有一砖塔，五级四面，塔内莲花座下藏玄奘法师顶骨舍利，故名“三藏塔”。（图93）

图93 九华山公园

鸡鸣寺 又称“古鸡鸣寺”，位于南京市玄武区鸡笼山东麓，始建于西晋，是南京最古老的梵刹之一，自古有“南朝第一寺”“南朝四百八十寺首刹”之誉，是南朝时期中国的佛教中心。梁武帝在鸡鸣埭兴建同泰寺，四次“舍身”于此。明洪武二十年（1387），明太祖朱元璋下令拆去旧屋，扩大规模，重建寺院，并题额为“鸡鸣寺”，改称“鸡鸣寺”至今。1958年改为尼众道场。2003年创办了江苏省第一所尼众佛学院。“鸡鸣春晓”为金陵四十新景之一。

六、阅江楼景区

阅江楼坐落在南京城西北的狮子山巅，濒临长江，山下有明城墙和护城河环绕。清末称狮子山为“狮岭雄观”。1374年，朱元璋敕改卢龙山为“狮子山”，下诏于山顶建阅江楼，并御笔《阅江楼记》，更有宋濂所作的《阅江楼记》广为流传，

图94　阅江楼

但阅江楼后因各种原因而弃建。2001年，阅江楼（图94）落成，结束了600多年来有“记”无“楼”的缺憾。

阅江楼造型独特，历史悠久，是中国十大历史文化名楼之一。其以阅江楼为建筑文化核心，明城墙、静海寺、天妃宫、绣球公园、小桃园等景点环绕其间，形成了以明文化、妈祖文化、航海文化、历史文化为主题的开放性景区。

七、石头城风景区

石头城公园 又称南京市石头城公园（图95），是我市一座国防教育主题公园，位于南京城西北的清凉山后，1992年7月落成开放，2004年10月1日起实行免费开放。石头城古时为楚威王的金陵邑，筑于楚威王七年（前333）。东汉建安十七年（212），孙权在金陵邑原址石头山上筑城，故

图95 石头城风景区

称石头城。城墙上有块巨石，长6米，宽3米，因大自然的风化，酷似一张面目狰狞的“鬼脸”，因此又名“鬼脸城”。

清凉山公园 南唐以前，长江从清凉山西麓断层下流过，此地一向为军事重镇。相传三国时诸葛亮观金陵形势，留下了“钟阜龙蟠，石头虎踞”的名言，虎即指清凉山。清凉山南麓山坳处建有清凉寺，是中国佛教禅宗五家之一的法眼宗发源地。清凉山名胜古迹随处可寻，有“驻马坡”“南唐古井”“清凉寺”“崇正书院”及“扫叶楼”等。“德庆堂”的匾额为后主李煜亲笔所提，“清凉山”三字为扫叶楼楼主龚贤所书。

第二节 街区传文

历史街区记载着历史发展的信息，蕴涵了深邃的文化遗产，南京积极利用“文化+”，让历史走进现实，实现了历史与现实的时空转换。

一、1912历史街区

“南京1912历史街区”位于太平南路与长江路交汇处，紧邻“总统府”，现有建筑21栋，建筑年份横跨清朝、民国、现代，历时三代，是一座开放的“民国建筑文化博物馆”。“南京1912历史街区”集中体现了民国府衙式建筑的精髓与博爱文化的精神，同时也肩负着彰显文化魅力，塑造文化品位，传扬文化内涵的责任。

南京1912建筑群作为中国民国建筑复兴的经典案例，获得了国家建设部颁发的“建筑设计一等奖”和国家教育部颁发的“建筑设计一等奖”“全国优秀工程勘察设计银质奖”，中国建筑学会颁发的“建国60周年建筑创作大奖”。

二、高淳老街历史文化景区

高淳淳溪古街（图96），又名中山大街。古街横贯东西，全长800多米，宽4.5米左右，街首两边均为明清风格的民居、店铺。店铺多为一幢三间，纵深数进，在两进房之间有厢房连接，中间留一天井，当地俗称“一颗印”。

高淳老街是高淳区的商业中心，是中国古街中一颗灿烂的明珠，是江苏省保存最为完整的明清古

图96　高淳老街

街。“乾隆古井”“关王庙”“土地神楼”“道教神像”“高淳民俗馆”“杨厅”“耶稣教堂”以及周边的“保圣寺塔”“聚星阁”等景点，各具特色，具有很高的观赏价值。

三、颐和路近现代建筑群

颐和路公馆区（图97）是民国《首都计划》实施的产物，分布在以颐和路为中轴线的大小不等的12个片区内。这是民国时期的核心区域，热闹繁华，人来人往，是民国时期公馆和使馆的聚集区。区域内留存有近百幢风格迥异、中西合璧、各具个性的民国建筑，被称作“民国建筑样板区”。

颐和路公馆区第十二片区（即颐和公馆）是颐和路公馆区的改造范本，由26幢风格各异的民国时期别墅组成。片区内的陈布雷、薛岳故居，均保留了一个陈列原主人生平图片、著作和手迹的书房；黄仁霖故居是片区的文化馆，定期举办各种文化展

图97　颐和路近现代建筑群

览。2014年，第十二片区荣膺联合国教科文组织亚太地区文化遗产保护荣誉奖。2015年，南京颐和路民国公馆区成为首批中国历史文化街区。

四、老门东历史文化街区

老门东历史文化街区（图98），位于中华门以东，故称“门东”。北起长乐路，南抵明城墙，

图98　老门东历史文化街区

东至江宁路。2013年9月建成对外开放。街区修缮了沈万山故居、蒋寿山故居、傅善祥故居等重要的历史文化点；复建了骏惠书屋、问渠茶馆等代表秦淮市井文化的特色古建筑；新建了南京书画院、金陵美术馆、老城南记忆馆等“一院两馆”；建设有民居式精品酒店和时尚活力街区，引入了名人工作室、百年老店等；开设有金陵刻经、南京白局，以及德云社、手制风筝、布画、竹刻、剪纸、提线木偶等民俗工艺展示点，是集历史文化、休闲娱乐、旅游景观于一体的文化街区。

第三节　博物致文

博物馆一词原意是人类知识与文化的"记忆殿堂"，它承载着丰富的文化内涵，是区域历史文化文明高度浓缩的载体。随着文化不断走出去，博物馆成为了城市独特的历史文化名片。历史文化名城南京，建有诸多特色鲜明的场馆，是人们探寻文明的踪迹、感受历史厚重、欣赏南京历史文化宝藏的最佳去处。

一、南京市博物馆

位于南京秦淮区朝天宫4号。朝天宫及所在的冶山，素有"金陵第一胜迹"之美誉，为江南地区规模最大、等级最高、保存最完整的一组官式古建

图99　南京市博物馆

筑群落。现存有“万仞宫墙”、东西坊门、棂星门、戟门、大成殿、先贤殿、御碑亭等。1978年，南京市博物馆（图99）于此地成立，是一座综合性历史艺术类国家重点博物馆，馆藏文物逾10万件（套）。其中南京人头骨化石、青釉羽人纹盘口壶、青瓷莲花尊、青花萧何追韩信梅瓶、七宝阿育王塔等一批文物蜚声中外，是各历史时期文物精粹的典型代表。

二、太平天国历史博物馆

位于南京秦淮区瞻园路128号。太平天国历史博物馆是1956年国家文化部批准成立的全国唯一的太平天国史专题博物馆。馆址瞻园最初为明中山王徐达府邸，是南京仅存的一组保存完好的明清古典园林建筑群，也是全国重点文物保护单位。该馆占地面积近3万平方米，有《太平天国历史陈列》《明中山王徐达文物史料展》《清江宁布政使衙署文物史料展》等基本陈列。

三、南京六朝博物馆

位于南京总统府东侧，长江路与汉府街的交会处。建筑由美国贝氏建筑事务所设计，东侧和北侧的负一楼至三层是博物馆。在六朝博物馆（图100）负一层，有一段长25米、宽10米的六朝夯土墙遗址。2008年，考古工作者对博物馆所在

图100 六朝博物馆

地块进行发掘时，在地下2米深处发现了这处夯土墙，经考证为1700年前六朝建康宫城的建筑遗址，南京市就地兴建了六朝博物馆。

四、南京民俗博物馆

位于南京秦淮区南捕厅15号，又称“甘熙故居”（图101）或“甘家大院”，始建于清嘉庆年间，俗称“九十九间半”，整个建筑反映了金陵大家仕绅阶层的文化品位和伦理观念，是南京现有面

图101 甘熙故居

积最大，保存最完整的私人民宅，现为南京市民俗博物馆所在地，可体验南京白局、剪纸、绒花、竹刻等10余种民俗项目。1992年11月18日，南京市民俗博物馆建成并对外开放，后在民俗博物馆的基础上又成立了南京市非物质文化遗产博物馆，是全国首家民俗、非遗“双博馆”。

五、江宁织造博物馆

位于南京市中心大行宫地段，是在江宁织造旧址上建造的一座现代博物馆（图102），它涉及江宁

图102　江宁织造博物馆内景

织造府本身的历史，织造府所辖之织造局的云锦生产历史，以及与织造府有密切关联的历史巨著《红楼梦》及其作者曹雪芹。博物馆集中展示了一府（《织造》）、一馆（《云锦》）、一楼（《红楼梦》）、一园（《园林》）的面貌。

六、南京明城垣史博物馆

位于解放门8号。南京明城垣史博物馆（图103）成立于1997年，1998年正式开馆，与南京市城墙

图103　明城垣史博物馆

管理处共同承担南京城墙维修保护的任务，并各有侧重。该博物馆是一座集中收藏、展示和研究南京城墙的专题性历史类博物馆，丰富的文化内涵与山、水、城、林融于一体的自然景色，构成了明城垣史博物馆鲜明的特色。为更好地展示南京的城墙文化，南京市将在秦淮区边营1号（毗邻中华门瓮城）建设南京城墙博物馆。

七、南京古生物博物馆

位于南京玄武区北京东路39号。南京古生物博物馆（图104）建筑面积8500平方米，展览面积近

图104　南京古生物博物馆

4200 平方米，是一个集科学性、知识性和趣味性为一体的博物馆。展览以古生物化石为本，以古无脊椎动物、古植物和微体古生物为主。南京古生物博物馆藏品丰富，展品精美，尤以“澄江动物群”和“热河生物群”标本最为珍贵，堪称国宝级的化石精品。

八、南京中国近代史遗址博物馆

位于南京城东长江路292号，是中国近代建筑遗存中规模最大、保存最完整的建筑群，也是南京民国建筑的主要代表之一。20世纪90年代，机关单位陆续迁出。1998年，在总统府旧址开始筹建南京中国近代史遗址博物馆。2003年，博物馆建成并对外开放，共分为东、中、西三个参观区域，中区主要有国民政府、总统府以及所属机构；西区有孙中山临时大总统办公室等；东区主要有行政院等。

九、南京直立人化石遗址博物馆

坐落于汤山·方山国家地质公园内，毗邻南京猿人洞。南京直立人化石遗址博物馆（图105）是一座以“汤山地质”为基础、“生命进化”为线索的综合类博物馆。建筑面积25000平方米，现已开放

图105　南京直立人化石遗址博物馆

两个展厅，地层天书厅展示了宁镇地区6亿年来地质变迁过程，人类密码厅回顾了人类寻根问祖的历程。博物馆集遗址保护、文化旅游、科普科研等功能于一体，被授予江苏省人口文化示范基地。

第四节　旅游兴文

在全域旅游理念下，以特色为基础，南京旅游局推出了数条印有南京符号的特色文化旅游线路。

一、红色文化之旅

南京是中国近现代史的缩影，中华民族历史上诸多的大转折、大开端发生于此，给这座城市留下了得天独厚的红色文化旅游资源和宝贵的精神文化财富。不忘初心，追寻名人志士的光辉足迹，探寻曾经的风雨沧桑和风云巨变，既具有跨时代的历史内涵，又具有革命传统与爱国主义教育的现实意义。

红色文化之旅的主要景点有：雨花台风景名胜区、侵华日军南京大屠杀遇难同胞纪念馆、拉贝故居、南京抗日航空纪念馆、高淳老街吴家祠堂、梅园新村纪念馆、渡江胜利纪念馆等。

二、文化遗产之旅

南京是一座享誉世界的历史文化名城，古代文化与现代文明交相辉映，传统精粹与时代活力水乳交融。50万年的人类史、2500余年的建城史和450多年的建都史体现了南京文化的浩瀚辉煌，也留下了极其丰富而又蕴含时代印记的文化遗产。开启文化遗产之旅，让人们穿越时空去亲近这些珍贵鲜活的遗世瑰宝，去感受历史的厚重，去体验文化的凝练与博大，具有重要的意义。

文化遗产旅游的代表性景点有：世界文化遗产明孝陵、世界第一城垣南京城墙、中世纪世界七大奇迹之一的大报恩寺遗址公园、中世纪唯一现存的造船遗迹宝船厂遗址公园、郑和航海睦邻友好见证的渤泥国国王墓、近现代建筑样板区颐和路近现代建筑群等。非物质文化遗产有：南京云锦、秦淮灯会、南京金箔、南京白局等。

三、人文礼佛之旅

南京拥有约1800年的佛教文化发展史，历史上既是古代中国出现佛教活动的最早城市之一，也是近代中国佛教文化的传播、研究中心，还是中国佛教史上诸多宗派的创建地。“南朝四百八十寺，多少楼台烟雨中”，既是人们对当年佛教兴盛的追忆，也是南京以弘扬佛教文化隆盛于中国的佐证。

人文旅佛之旅的主要景点有：金陵刻经处、牛首山文化旅游区、大报恩寺遗址公园等景区；近代史上的全国佛教中心毗卢寺、三论宗祖庭栖霞寺、南朝皇家寺院鸡鸣寺、南朝高僧归葬地灵谷寺、保存有玄奘部分顶骨的九华山玄奘寺、拥有著名古斜塔的方山定林寺、曾为昭明太子读书处的惠济寺、儒释道三教荟萃的游子山真如禅寺等。

四、文博科教之旅

昌明丰赡的文教科技资源，铸就了南京教育科技的辉煌。六朝时期，官学兴起。至宋代，书院教育勃兴。此后，南京的书院教育传统延绵不断，直至清末民初的近代教育体系建立。尤其值得一提的是江南贡院等教育场所闻名全国，至今仍有遗存。明清两朝，南京的江南贡院是全国最大的科举考场，吴承恩、唐伯虎、郑板桥、吴敬梓、翁同龢、张謇等都在这里考取功名而后独步天下。数千年的文化积淀奠定了南京科技和教育的基础，这里有着全国知名的高等院校、类型多样的文博场所。

文博科教之旅的主要景点有：我国第一座由国家投资兴建的大型综合类博物馆南京博物院、中国最大的近代史遗址博物馆总统府、江宁织造博物馆、直立人化石遗址博物馆、紫金山天文台、南京理工大学兵器博物馆等文博场馆；亚洲第四大图书馆南京图书馆、中国最美书店先锋书店等文化场所；南京大学的金陵大学建筑群、北大楼、小礼堂、拉贝故居，东南大学的大礼堂、涌泉、梅庵、体育馆，南京师范大学的原金陵女子大学校舍、随园大草坪、深秋银杏，河海大学的旋转楼梯等高校校园。

参考书目

古籍文献

1.（南朝·梁）萧子显撰：《南齐书》，中华书局，1972年。

2.（南朝·梁）萧统编，（唐）李善注:《文选》，中华书局，1977年。

3.（唐）李肇:《唐国史补》，上海古籍出版社，1957年。

4.（唐）杜牧著，（清）冯集梧注：《樊川诗集注》，上海古籍出版社，1962年。

5.（唐）姚思廉撰：《陈书》，中华书局，1972年。

6.（唐）魏徵等撰：《隋书》，中华书局，1973年。

7.（唐）房玄龄等撰：《晋书》，中华书局，1974年。

8.（唐）李延寿撰：《南史》，中华书局，1975年。

9.（唐）许嵩撰，张忱石点校：《建康实录》，中华书局，1986年。

10.（唐）杜佑撰，王文锦等点校：《通典》，中华书局，1988年。

11.（唐）陆广徽：《吴地记》，江苏古籍出版社，1999年。

12.（后晋）刘昫等撰：《旧唐书》，中华书局，1975年。

13.（宋）欧阳修，宋祁撰：《新唐书》，中华书局，1975年。

14.（宋）史温撰：《钓矶立谈》，广陵古籍刻印社，1995年。

15.（宋）高承撰，（明）李果订，金圆、许沛藻点校：《事物纪原》，中华书局，1989年。

16.（宋）乐史撰，王文楚等点校：《太平寰宇记》，中华书局，2008年。

17.（宋）周应合纂：《景定建康志》，南京出版社，2009年。

18.（宋）司马光编著，（元）胡三省音注：《资治通鉴》，中华书局，2011年。

19.（宋）张敦颐撰，张忱石点校：《六朝事迹编类》，中华书局，2012年。

20.（宋）龙衮：《江南野史》，见《金陵全书乙编史料类6》，南京出版社，2012年。

21.（元）孔齐撰，庄敏、顾新点校：《至正直记》，上海古籍出版社，1987年。

22.（元）张铉撰，田崇校点校：《至正金陵新志》，南京出版社，1991年。

23.（元）佚名，陈高华、张帆等点校：《元典章》，天津古籍出版社，2011年。

24.（明）宋濂等撰：《元史》，中华书局，1976年。

25.（明）陶宗仪纂：《说郛》，中国书店，1986年。

26.（明）顾起元撰：《客座赘语》，中华书局，1987年。

27. 钱伯城等主编：《全明文》，上海古籍出版社，1992年。

28.（清）谷应泰：《明史纪事本末》，中华书局，1977年。

29.（清）王琦注：《李太白全集》，中华书局，1977年。

30.（明）王世贞：《弇山堂别集》，中华书局，1985年。

31.（清）彭定求等编：《全唐诗》，中华书局，1960年。

32.《中国地方志集成　江苏府县志辑》第3册，江苏古籍出版社，1991年。

当代文献

1. 中国古都学会编：《中国古都研究》（第二辑），浙江人民出版社，1986年。

2. 陈济民主编：《金陵掌故》，南京出版社，1991年。

3. 杨宽：《中国古代都城制度史研究》，上海古籍出版社，1993年。

4. 中国旅游文化大辞典编辑委员会：《中国旅游文化大辞典》，江西美术出版社，1994年。

5. 马伯伦主编：《南京建置志》，海天出版社，1994年。

6. 彭振刚编校：《秦淮风俗》，南京出版社，1995年。

7. 荣斌、徐世典：《中国历史文化名城》，山东友谊出版社，1996年。
8. 陈桥驿主编：《中国都城辞典》，江西教育出版社，1999年。
9. 郎瑛：《七修类稿》，上海书店出版社，2001年。
10. 南京市地方志编纂委员会办公室编纂：《南京民俗志》，方志出版社，2003年。
11. 殷伟：《中国沐浴风俗》，文物出版社，2003年。
12. 张剑光：《唐五代江南工商业布局研究》，江苏古籍出版社，2003年。
13. 叶皓主编：《金陵特色文化》，南京出版社，2005年。
14. 姜建军主编：《2005中国观赏石论坛论文集》，中国大地出版社，2005年。
15. 周直主编：《十朝故都文化丛书》，南京出版社，2005年。
16. 金承平、蒋晓星主编：《南京辞典》，方志出版社，2005年。
17. 张年安主编：《南京文物大写真精彩2006》，南京出版社，2007年。
18. 南京市明城垣史博物馆编：《南京城培砖文》，南京师范大学出版社，2008年。
19. 薛冰：《南京城市史》，南京出版社，2008年。
20. 南京市文化局、南京市政协文史（学习）委员会、南京市地方志编撰委员会办公室编：《南京非物质文化遗产集萃》，南京出版社，2008年。
21. 陈作霖：《全陵琐志九种》，南京出版社，2008年。

22. 胡阿祥、李天石、卢海鸣编著：《南京通史·六朝卷》，南京出版社，2009年。

23. 南京市江宁区文化志编纂委员会编：《江宁区文化志》，南京出版社，2011年。

24.《江宁乡土志略》，《中国人民大学图书馆藏稀见方志丛刊》第7册，国家图书馆出版社，2011年。

25. 范金民、杨国庆等编：《南京通史·明代卷》，南京出版社，2012年。

26. 未小橘编著：《人文江苏》，广东旅游出版社，2013年。

27. 许彦来编著：《二十四节气知识》，天津科学技术出版社，2013年。

28. 钱文忠：《庚寅草》，青岛出版社，2014年。

29. 付启元、赵德兴：《南京百年城市史——文化卷》，南京出版社，2014年。

30. 唐荣编著：《吴越人家吴越文化特色与形态》，现代出版社，2015年。

31. 朱炳贵编著：《老地图南京旧影》，南京出版社。2014年。

32. 白寿彝总主编、陈振主编：《中古时代五代辽宋夏金时期》（下），《中国通史》（第七卷），上海人民出版社，2015年。

后记

本书是一本通俗读物、休闲读物，它不同于一般的学术著作。我们力图运用通俗易懂、生动活泼的语言，全面介绍南京的精彩之处，引领读者前往旅游观光。在那里可游、可看、可怀古、可探幽，可选购富有特色的物产，也可领略当地的民俗风情。

此书的编写，得到了江苏省文化厅、江苏省文物局、江苏人民出版社、江苏省文化艺术研究院、南京市人民政府及相关部门的支持和指导；贺云翱、卢海鸣等诸多专家学者们悉心指点，提供资料和图片；管世俊、马晓平为本书统稿；书中引用了部分已经出版或发表过的关于当地历史、文化、艺术、科学的专著、志书、文章的相关资料；我们还得到了其他热心宣传精彩江苏、精彩南京的相关群体和个人的大力支持，在此表示诚挚的谢意。

由于编者水平所限，加之时间较为紧迫，书中难免会出现疏漏和不足，敬请读者批评指正。

编　者

2017年5月